MARCO JUAREZ REICHERT

GESTÃO SEM ESTRESSE

Técnicas e Ferramentas Simplificadas

CASA DO
ESCRITOR

São Paulo

2018

Gestão Sem Estresse – Técnicas e Ferramentas Simplificadas
de *Marco Juarez Reichert*

Editor
Eldes Saullo

Revisão
Simone Alves

Revisão e Projeto Gráfico
Casa do Escritor
www.casadoescritor.com.br

Reichert, Marco Juarez,

Gestão Sem Estresse - Técnicas e Ferramentas Simplificadas - 1ª Edição

ISBN-13: 978-1718039209

Marco Juarez Reichert – São Paulo, Casa do Escritor: 2018
1. Economia e Negócios - Empreendedorismo - Título

Empreendedores, executivos, gestores e estudantes podem se valer desta obra para entender e aplicar algumas das técnicas e ferramentas de gestão mais empregadas no mundo dos negócios. Tudo é apresentado de maneira fácil, com narrativas, gráficos, tabelas e sem conteúdos complexos e estressantes. Para facilitar a vida desse público, esta obra foca na objetividade prática.

SUMÁRIO

INTRODUÇÃO

Qual a razão de complicar, se é possível descomplicar? Por que se estressar, quando há ferramentas acessíveis que ajudam a melhorar o desempenho da sua atividade? Quanto mais um líder aprende, ensina e treina sua equipe, melhor para ele e para sua empresa.

Este livro tem a pretensão de auxiliar de forma fácil e prática todos que exercem alguma função na gestão de empresas, independentemente da atividade e do tamanho das mesmas. Os que desejam empreender seu próprio negócio, seja ele indústria, comércio ou serviço, terão nele um grande aliado.

A linguagem empregada é simples, direta e objetiva, permitindo a fácil compreensão do conteúdo por qualquer leitor. Também pode ser usado como fonte bibliográfica complementar para estudantes de graduação ou especialização.

Muitas vezes, a direção de uma empresa é feita por um empreendedor que, apesar de conhecer sua empresa como ninguém, não teve uma formação adequada para o mundo dos negócios. Outras vezes, a direção conta com profissionais de alta especialização em áreas específicas, porém, lhes falta uma visão mais abrangente do negócio. Um empreendedor precisa ter uma visão sistêmica. Por fim, alguns se valem de ferramentas muito complexas que poucos entendem e que, por isso mesmo, não são compartilhadas pelos colegas, não trazendo benefícios práticos e coletivos do seu uso.

Gerentes, supervisores e encarregados comumente não recebem os treinamentos que deveriam a fim de poder aplicar, em suas equipes, ferramentas e procedimentos tradicionais. Ainda há uma lacuna na literatura acadêmica: a falta de uma única fonte, onde estudantes e futuros profissionais possam verificar o quanto pode ser simples adotar ferramentas práticas de gestão no dia a dia das empresas de diferentes setores de atividade. Assim, o empreendedor iniciante poderá se valer desta obra para ter sua gestão facilitada.

Baseado na experiência de três décadas de empreendedorismo, de alguns anos como executivo de multinacional e, atualmente, como consultor empresarial, este material foi reunido a fim de apresentar uma série de instrumentos de gestão, sem complicações e sem estresse, e exercícios práticos resolvidos. Praticamente todas as áreas tradicionais de uma estrutura organizacional estão aqui abordadas[1].

Os capítulos estão organizados por áreas e todo o conteúdo pode ser absorvido por qualquer gestor, independentemente do setor em que atue. O foco na didática foi uma preocupação constante.

O **capítulo 1** descreve algumas ferramentas de uso geral que podem ser aplicadas em diferentes áreas de uma organização. As técnicas para aplicação dessas ferramentas de gestão são muitas vezes descritas através de narração de histórias, o que facilita a assimilação do conteúdo. Muitas das ferramentas apresentadas são conhecidas e consagradas, até mesmo no mundo corporativo global, enquanto outras foram criadas por este autor.

O **capítulo 2** é dirigido à alta direção das empresas que lida com as questões estratégicas do mundo corporativo.

No **capítulo 3**, as ferramentas são referentes à área financeira, as quais todo gestor deveria conhecer, mesmo pertencendo a outras áreas do mundo dos negócios.

O **capítulo 4** trata da área de Vendas e Marketing. A produção é vista no **capítulo 5** e a área de Recursos Humanos no **capítulo 6**. As **considerações finais** trazem uma reflexão sobre a contribuição desta obra. Ao final, há um **anexo** com uma pesquisa realizada a respeito do uso dessas técnicas e ferramentas.

Nos casos discorridos, os nomes de pessoas e empresas são fictícios a fim de que suas identidades sejam preservadas. Espera-se, assim, trazer algum subsídio capaz de melhorar o desempenho pessoal e das empresas como um todo, possibilitando uma gestão mais tranquila, objetiva, descomplicada e eficaz.

Esta obra não tem como objetivo realizar uma expressiva fundamentação teórica. Apesar da literatura já existente apresentar muitas dessas técnicas, este livro diferencia-se pela abrangência do conteúdo abordado, por sua aplicabilidade prática e pela aspiração a ser inteligível à maioria dos leitores. Tanto o pequeno empreendedor como o acadêmico podem se valer dele para facilitar

---

[1] A decisão de quais ferramentas e de como aplicar as técnicas foi baseada não somente na experiência profissional, mas também em uma pesquisa realizada através da internet, em anexo no final da obra.

sua visão geral de como administrar uma área ou mesmo toda uma organização.

Capítulo 1

FERRAMENTAS DE USO GERAL

Tenho reiterado que o papel de todo líder e gestor pode ser resumido a elaborar estratégias e resolver problemas. Esse é o seu cotidiano em qualquer setor da economia. Os acadêmicos são avaliados por sua eficácia em encontrar as soluções dos problemas de uma prova. Quando se exige a presença do pessoal de informática (TI) em uma organização? Certamente, sempre que seu sistema "trava". Havendo um excesso de pedidos para serem preparados para atender à demanda comercial, como os gestores operacionais das indústrias encontram uma saída? A criticidade dessa situação exige uma tomada de decisão que pode utilizar ferramentas que tragam subsídios para tal[2]. A direção recebe o sinal verde do conselho de administração da corporação para contratar um dentre dois concorrentes em uma determinada região. Como realizar essa ordem sem uma correta avaliação feita através de um detalhado planejamento?

Problemas, falhas, desperdícios, causas, soluções, priorização, tempo e tantas outras palavras representam o dia-a-dia das organizações, sem falar da vida pessoal de cada um dos envolvidos...

As ferramentas usadas no mundo dos negócios são incontáveis, porém, todos podem criar as suas próprias, o que é louvável. No entanto, há ferramentas de eficácia comprovada e amplamente difundidas. Por isso, é conveniente adotá-las. Não é preciso inventar a roda, porém, nossa criatividade também pode trazer contribuições. Assim, o aprofundamento sobre esses recursos deve ser feito sempre que houver necessidade.

---

[2] A Matriz GUT tratada neste capítulo é facilitadora na determinação de prioridades uma vez que lida com os parâmetros gravidade, urgência e tendência diante de um problema.

BRAINSTORMING

Uma maneira prática, rica e democrática de reunir rapidamente diferentes opiniões ou pontos de vista, é a aplicação de uma ferramenta universal: o *brainstorming*[3]. Um *brainstorming* é feito reunindo-se pessoas para discutir um determinado assunto, como um problema, por exemplo. Abaixo descrevemos uma das técnicas para se aplicar a ferramenta do *brainstorming:*

Um líder moderador ou facilitador deve tomar a frente da discussão, distribuir papéis *post-it®* para os presentes e solicitar que escrevam uma única palavra ou frase curta que vá ao encontro daquilo que se está buscando. Cada participante deve tentar escrever o máximo de palavras que conseguir no tempo disponível, que deve ser breve.

Chove ideias nesta hora, pois ocorre uma verdadeira "tempestade cerebral", daí o nome da ferramenta. O *brainstorming* deve ser bem rápido e nenhuma ideia deve ser desprezada. A princípio, pode haver a tendência de se descartar uma ideia que parece não fazer sentido para a maioria, que poderá enxergá-la como um absurdo. Porém, muitas vezes, depois de uma análise mais calma e profunda, pode haver uma surpresa: essa pode ser a melhor sugestão apresentada.

Sempre que alguém preencher um papel *post-it*®, deverá entregá-lo ao facilitador e continuar tentando escrever outras sugestões. Um auxiliar, ou o próprio condutor do processo, deve ir agrupando as ideias de acordo com a afinidade entre elas. Recomenda-se um intervalo de até quinze minutos para essa primeira atividade, após a qual, o facilitador irá apresentar aos participantes todas as ideias já agrupadas segundo uma certa organização. Em seguida, o facilitador deve conduzir o grupo para uma primeira seleção, descartando as ideias menos aplicáveis ao caso. Nas próximas etapas, filtra-se ainda mais até reunir de uma a três sugestões mais adequadas ao propósito buscado.

---

3 Brainstorming: Esta palavra inglesa não tem uma correspondente em português. O sentido é o de uma tempestade de ideias, dizer o que vier na mente.

O bom é que todos se expressem sem receios. As sugestões que nos vêm à cabeça prontamente têm uma boa chance de ser aquilo que buscamos para a solução do problema. Geralmente, a chance do êxito é maior quando a ideia vem do coletivo.

Outra forma prática de se realizar um *brainstorming* é comprar alguns metros de papel pardo, que pode ser adquirido em rolo, e prendê-lo em alguma parede com uma fita crepe ou dupla face. O papel pardo pode ter alguns metros de comprimento, o que irá facilitar o agrupamento das inúmeras ideias. Os *post-it* deverão ser presos nele. Uma vantagem desse procedimento é que no papel pardo podem ser escritos títulos ou mesmo desenhos. Sempre existe alguma parede que pode servir a esse propósito.

Recentemente, participei de uma discussão de planejamento estratégico em uma grande organização. No papel pardo preso na parede, dois profissionais iam desenhando cada ideia e conclusão apresentadas. Foi criada uma estrada que levava do ponto presente a um ponto futuro. No caminho percorrido, as ideias surgidas no *brainstorming* eram registradas com desenhos. O resultado foi uma verdadeira obra de arte de fácil compreensão por todos os presentes. Na realidade, contaram uma história com início, meio e fim.

Baixa produtividade na produção

Uma equipe de engenheiros, gerentes e supervisores de uma fábrica tentava entender o porquê da baixa produtividade de uma determinada linha de produção, sem chegar a uma conclusão. Então, resolveram chamar para um *brainstorming* os operadores da linha que, até então, não haviam participado de qualquer discussão a esse respeito. Para surpresa geral, muitas colocações feitas pelos operadores eram ainda desconhecidas e traziam luz à solução do problema.

Isso era de se esperar, pois não há ninguém melhor para falar de uma máquina ou processo do que alguém que trabalha com ele diariamente e, algumas vezes, por anos a fio. As pessoas gostam de ser ouvidas e de merecer a atenção das chefias, mas precisam que isso lhes seja solicitado.

As lideranças incluíram os operadores no processo para elaboração de um Plano de Ação (PA) e o êxito foi total. Dessa forma, ganharam a empresa e os colaboradores, que se sentiram úteis e reconhecidos.

DIAGRAMA DE CAUSA E EFEITO - ISHIKAWA

O diagrama abaixo (Figura 1) tem a forma de uma espinha de peixe[4]. Alguns o chamam de "6M", as letras iniciais das palavras. Esse método foi desenvolvido a fim de se descobrir as causas de um determinado problema e encontrar soluções para ele. Vamos desenvolver o conceito a partir de um exercício prático.

O mais usual da ferramenta "espinha de peixe" é ter uma palavra que comece com a letra "M" na ponta de cada uma das seis espinhas. Na maioria dos casos, pelo menos uma dessas palavras é a provável causa do problema identificado na ponta da espinha do peixe. As palavras são **Mão** (de obra), **Máquina**, **Meio** (ambiente), **Manutenção**, **Material** e **Método**. O diagrama é assim representado:

---

[4] O crédito da criação dessa ferramenta de qualidade é atribuído ao japonês *Kaoru Ishikawa*.

Figura 1 - Diagrama de Causa e Efeito "6M"

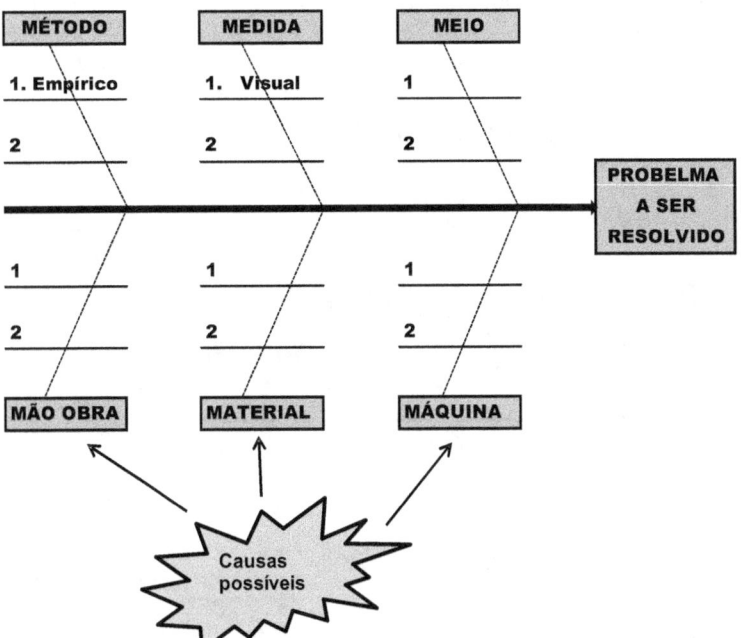

A espinha de peixe dos "8M"

Há variações de grupos de causas prováveis usadas por alguns autores. No caso presente, a ferramenta é enriquecida com mais dois "M", também de palavras do idioma inglês. Trata-se dos "8M" [5] (Figura 2). As duas palavras novas são *Management* (gerenciamento), que identifica como causa alguma decisão ou capacidade gerencial dos principais dirigentes e *Money* (dinheiro, caixa para prover recursos).

Muitas vezes, a causa do problema é conhecida, mas não há caixa ($) para resolvê-lo, pois a solução deveria passar pela aquisição de uma peça ou máquina muito cara. Poderíamos dizer

---

[5] A adaptação "8M", acrescentando mais duas causas iniciadas com "M", o *Management* e o *Money*, à ferramenta "6M" de Ishikawa, foi realizada por este autor.

que o *Management* se incluiria na causa Mão de Obra, mas a intenção aqui é determinar se o problema específico está nas decisões da alta cúpula da organização e não na mão de obra operacional em si.

Figura 2 - Espinha de Peixe dos "8M "

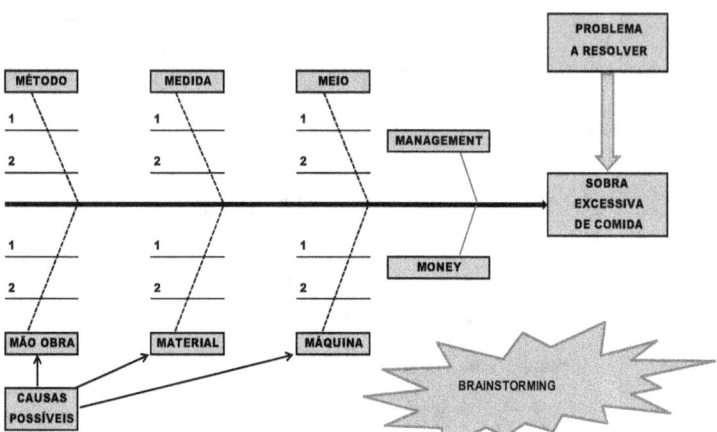

Falhas no freio e no câmbio do automóvel

Imaginemos que seu carro, que hoje está com 58.000 km, deveria ter passado pela revisão dos 40.000 km há quase um ano. Os pneus estão desgastados, sendo que os dois dianteiros estão carecas. Você está longe de sua cidade, numa longa viagem de férias com a família, quando percebe que o freio não responde prontamente quando solicitado. Na verdade, parece que piora a cada vez que é acionado. A terceira marcha do câmbio manual não engata, tendo que passar diretamente da segunda para a quarta. Fiquemos apenas com esses dois problemas. A ferramenta 6M será utilizada para tentar identificar as suas causas.

Buscando pelas causas dos problemas, você se dá conta de que não dirigiu seu veículo em pantanais, desertos, neve ou beira de praia. Foi tão somente em boas estradas. O carro não passou por temperaturas muito baixas, nem muito altas. Então, o **Meio** (ambiente) não foi a causa provável dos problemas mecânicos apresentados. Tampouco foi a marca do seu carro, que é reconhecida pela qualidade. Assim, a **Máquina** também não é a provável causa do problema. Também não se pode atribuir a culpa às peças afetadas, as quais passam por rigorosos testes de qualidade na indústria automobilística e têm prazo de validade proporcional ao uso. Claro, utopicamente falando. O óleo da caixa e os componentes do sistema de freio deveriam ter sido trocados na revisão recomendada pelo fabricante, o que descartaria também a causa **Material**. Nem **Medida**, nem **Método** se aplicariam como causa do problema em questão. Os procedimentos de revisão estão recomendados no manual do fabricante.

Aplicando a ferramenta "6M", conclui-se, obviamente, que a causa principal foi a falta de **Manutenção**. Se aplicássemos os "8M", diríamos que, além da falta de Manutenção, outra causa foi o *Management*, pois você, proprietário do veículo e detentor de recursos, foi relapso na questão da revisão do mesmo.

Um detalhe importante é que a causa principal pode ser desdobrada em outras secundárias. Assim, a causa *Management* poderia se justificar por um problema de organização do proprietário do carro, que não programou a revisão em sua agenda. A falta de experiência dele não teria sido a responsável, pois esse já era o terceiro carro adquirido pelo proprietário em questão.

A cozinha

Outro exemplo pode ser aplicado às perdas que se tem na cozinha. É comum que algumas famílias joguem comida fora, o que é um desperdício e deveria ser evitado. Por que sobra comida? Vamos aplicar o diagrama de causa e efeito para facilitar nossa análise e assim termos condições de resolver o problema.

A técnica do *brainstorming* foi usada para determinar quais das causas possíveis dos "8M" explicariam o motivo da sobra de comida na cozinha de uma família.

A discussão entre os familiares viu que não era um problema causado pelo meio ambiente, pelo fogão, pelos alimentos em si e nem pela falta de dinheiro. Concluiu-se que as causas primárias eram a falta de um **Método** e de **Medida**. Não havia receitas escritas (procedimentos) formalizando a técnica para produzir cada alimento. As medidas eram empíricas, a "olho", pois sequer havia uma balança de cozinha.

O desdobramento das causas anteriormente citadas na figura dos "8M" (Figura 3) (Figura 4) exige um novo exercício de *brainstorming* para entender as causas do uso de um método empírico e a prática da medida visual. Verificou-se que não se tinha conhecimento de como redigir um procedimento. Faltava um exemplo inspirador que servisse de base. Como há abundância de informações na internet, atribui-se também a existência de um problema de mão de obra, com clara falta de iniciativa e de dedicação para pesquisar receitas que pudessem servir de exemplos, o que não tem nada de complexo.

Na causa **Medida** estava evidenciado que a aquisição de uma pequena balança resolveria esse problema. Para isso, o cozinheiro deveria quebrar o paradigma de que a experiência lhe permitia fazer o preparo da comida sem pesagens. Era preciso criar o hábito de sempre pesar os ingredientes da receita com base na previsão de consumo e de acordo com o número de pessoas. Mais ainda, adotando o procedimento de pesagem e de controle de tempos e temperaturas, o prato sairia sempre do mesmo jeito, resultando em padronização.

Desdobramento das causas

Figura 3 - Causas do Método Empírico

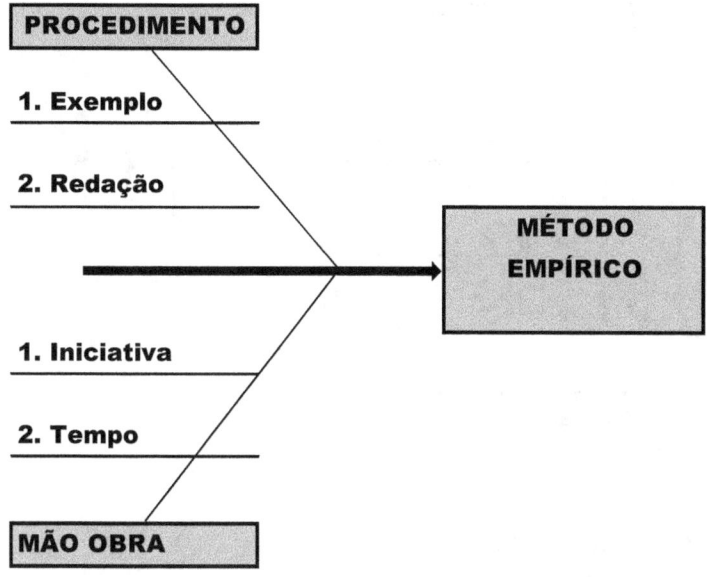

Figura 4 - Causas das Falhas de Medidas

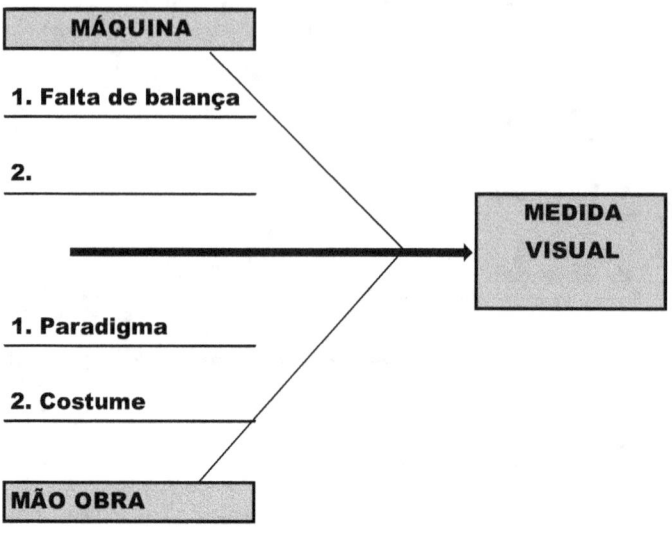

TOPP Arquitetura

As causas não começam necessariamente sempre com "M", podem ser quaisquer letras, as que você quiser. Isso é o que menos importa. Você pode criar suas próprias palavras para qualquer ferramenta, desde que aplicáveis ao seu caso. Assim, inspirado nos "4P" do marketing, temos o diagrama de causa e efeito "6P" (Figura 5), aplicável ao seguinte exemplo:

Uma empresa de serviços de projetos urbanísticos, a TOPP Arquitetura, participou de uma concorrência pública para um projeto em seu município e não foi vencedora. Internamente, se buscou entender a razão de sua proposta não ter sido aprovada. Ela não diferia substancialmente das demais apresentadas pela concorrência. Alguém da prefeitura lhes comunicou que a imagem deles estava arranhada, e isso lhes havia prejudicado. Então, perguntaram-se: Como assim? Por que sua imagem não era boa?

Figura 5 - Diagrama de Causa e Efeito "6P"

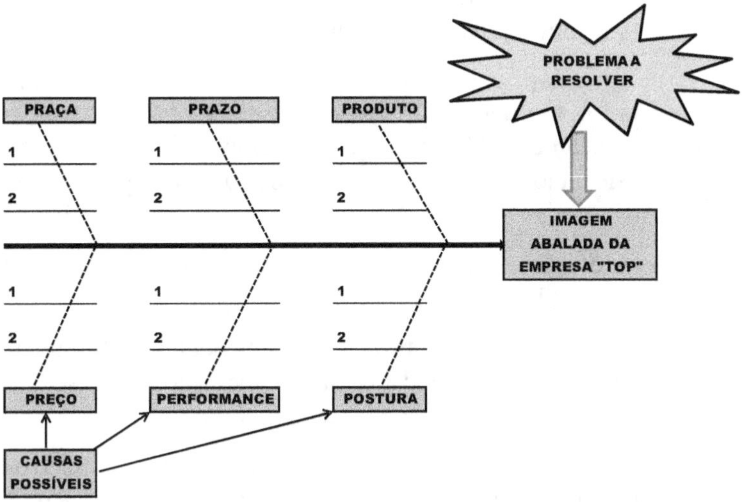

Com o recurso do diagrama acima, a TOPP foi buscar a causa de sua imagem abalada:

1. Praça: A empresa de arquitetura estava situada na mesma localidade em que a obra seria realizada, no mesmo município, sem problemas de longa distância. Essa não seria uma causa plausível;
2. Prazo: O prazo de oito meses para executar a obra foi praticamente o mesmo dos concorrentes. Essa causa que também não justificaria o prejuízo de imagem da TOPP;
3. Produto: O projeto atendia aos requisitos normativos e regulatórios do edital. Causa improvável;
4. Preço: Foi similar aos ofertados pela concorrência. Causa descartada;
5. Performance: As referências sobre o desempenho da empresa de arquitetura em outras obras só endossavam as expectativas de atendimento, com soluções para as licenças legais para execução bem como com relação à produtividade almejada ser cumprida. Também aqui a causa não se aplicaria;

6. <u>Postura</u>: A imagem, confidenciada como sendo a causa, estaria associada à postura. Desdobrando-a em subcausas através de um *brainstorming*, foram levantadas as seguintes ponderações:

— Propina: Logicamente a TOPP não paga propina a ninguém e jamais foi dito que essa pudesse ter sido a causa determinante da perda do negócio. Muito louvável a empresa nesse quesito, pois essa prática, tão comum em contratações de obras públicas no país, é injustificável.

— Tradição: Apesar de apresentar boas referências, a empresa tinha apenas três anos de existência.

— Apresentação do projeto: A apresentação foi bem feita, seguiu o roteiro recomendado para elaboração e apresentação de projetos e teve objetividade em seu conteúdo.

— Reconhecimento: A TOPP ainda não era reconhecida pelo mercado como uma grande e experiente empresa de arquitetura. Jamais havia sido indicada a prêmios de destaque empresarial ou de design.

— Conceito: Para participar da oferta, a empresa precisou apresentar várias certidões negativas (fiscal, trabalhista, protestos, do poder judiciário, etc.). No cadastro apurado pela prefeitura, a TOPP tinha um processo de crime ambiental em andamento. Este teria arranhado a imagem da empresa e feito com que ela perdesse o negócio. Isso confirmou a causa comentada pelo funcionário público, a da *Postura*, em seu sentido amplo que, no caso, foi uma questão de conceito, de imagem da empresa de arquitetura.

PDCA

P = Plan — Planejar;
D = Do — Fazer;
C = Check — Verificar;
A = Act — Agir.

O PDCA é outra ferramenta de gestão de qualidade muito empregada quando se está trabalhando em processos e se busca uma solução para determinado problema. Além de determinar a causa do problema, essa ferramenta ainda evita que ele se repita. Sendo um ciclo sem fim, é possível entender o porquê de seu uso em processos de melhoria contínua.

Lembro-me da palestra de um especialista durante a implantação de um sistema de gestão e preparação para a certificação da ISO 9001 em uma empresa nossa. O palestrante falou sobre melhoria contínua e alguém provocou uma boa discussão sobre o tema. Conquistada a certificação, ainda teria o que ser melhorado? A resposta óbvia foi que isso não teria fim. A perfeição jamais é alcançada; sempre existe algo para ser melhorado. A questão era: como fazer para sistematizar um processo de melhoria contínua? O PDCA é uma dessas metodologias aplicadas universalmente.

Havendo um problema, conhecidas as causas e a solução, se elabora um plano de ação para resolver a questão. Essa fase inicial é a do planejamento (**P**). A segunda é a da execução do plano de ação elaborado na etapa prévia, é a fase do fazer (**D**). Após a execução, é preciso acompanhar o processo, valendo-se de medições (avaliações). É a fase da conferência (**C**). Devem ser comparados os dados anteriores e posteriores ao plano de ação realizado. Se o efeito surtido for o esperado, corrige-se o problema e passa-se à adoção da solução aprendida, para evitar que esses problemas se repitam futuramente. Dessa forma, fica criado um novo padrão para o processo em questão. Essa é a quarta fase, aquela que exige atuações corretivas e preventivas (**A**). Caso a conferência revele que o plano de ação não obteve êxito, há que se rever o planejado, propor outras mudanças, realizar nova execução, novos controles e tomar as ações adequadas. E assim, sucessivamente, o ciclo do PDCA é empregado.

Perda de produtos durante o transporte

Uma empresa do tipo B2B[6] vinha constatando reclamações de um de seus clientes sobre o excesso de avarias nas embalagens de seus produtos (parafusos). Isso estava causando descontentamento, desabastecimento e reembolsos financeiros. Sabemos que qualquer perda em uma empresa impacta diretamente em seu fluxo de caixa, o que deve ser mitigado ao máximo.

A área de logística fez uma análise do problema, utilizando-se do diagrama "espinha de peixe" para determinar as causas das avarias ocasionadas pelo transporte. Primeiramente, foi realizada uma análise de como a remessa dos produtos era feita, incluindo o caminho percorrido entre a fábrica e o depósito do cliente. Deram-se conta, ainda, de que as perdas também ocorriam no trajeto entre o depósito do cliente e sua linha de produção, onde os parafusos eram empregados na montagem de máquinas. Então, o problema era ainda maior do que inicialmente se pensava. Agora, havia de se reconhecer que as reclamações do cliente eram justificadas.

Foram constatadas duas causas prováveis: a embalagem (material) e o processo de transporte e manuseio (método). As embalagens estavam no limite máximo aceitável em relação aos seus custos. Outros materiais alternativos já haviam sido refugados em testes mecânicos. Os parafusos eram acondicionados em pequenos pacotes de 1 kg e depois em fardos de 10 kg. Alguns colaboradores resolveram acompanhar pessoalmente o ciclo de entrega durante alguns dias e registraram os resultados das perdas e em quais momentos sua incidência era maior. Dessa forma, foram capazes de mapear o processo.

A solução encontrada foi eliminar os fardos e adotar caixas plásticas retornáveis, identificadas com o logo da empresa. Cada caixa acondicionaria 25 pacotes de 1 kg contra os fardos antigos de

---

[6] B2B vem do inglês, "*Business to Business*", que em português significa "negócios entre empresas".

10 kg. A eliminação do custo com os fardos seria a compensação financeira para a aquisição das caixas plásticas. Haveria um investimento inicial na aquisição dessas caixas, porém, por serem retornáveis e muito duráveis, o benefício seria notório. Nenhum parafuso seria perdido, pois ficaria dentro da caixa, caso algum pacote viesse a se romper, o que dificilmente ocorreria. O cliente não teria mais o trabalho de abrir o fardo e acumular esse material para posterior reciclagem. O controle de estoque também ficaria facilitado, já que as caixas possuíam encaixes, permitindo que fossem empilhadas. A única desvantagem seria a necessidade de um controle das caixas entregues e das retornadas, mas isso seria e algo muito simples de acompanhar.

As medições depois dessa implementação mostraram-se vantajosas. No entanto, o principal ganho foi a satisfação do cliente. A análise de abrangência da melhoria conquistada foi ao encontro de mais produtos: algum outro produto poderia se valer da mesma solução? Sim. Assim, outros clientes também se beneficiaram da melhoria implantada.

Nesse caso, as quatro fases do ciclo PDCA foram aplicadas, e a melhoria contínua comprovada. Que tal o leitor se entusiasmar e aplicar a ferramenta em algum projeto de capacitação em sua empresa ou na de um colaborador? A era dos talentos vai prevalecer em todas as atividades do mundo dos negócios, portanto, ninguém deveria ficar na zona de conforto com relação ao próprio conhecimento. A melhoria contínua se aplica também às pessoas, felizmente. Todos nós temos e teremos sempre algo a melhorar. Que bom que seja assim, senão a vida seria monótona ou acomodada.

FLUXOGRAMA DE PROCESSOS

Independentemente do tipo de empresa, é muito importante entender os processos de suas atividades. Melhor ainda é mapeá-los, criando uma figura para cada atividade, interligando-a com a anterior e a posterior (Figura 6). É usual desenhar o fluxo dos processos utilizando algumas poucas figuras, como essas, por exemplo (Figura 7):

**Figura 6 - Figuras Empregadas
em Fluxogramas de Processos**

Figura 7 - Fluxograma dos Processos
da Tomada de Crédito Bancário

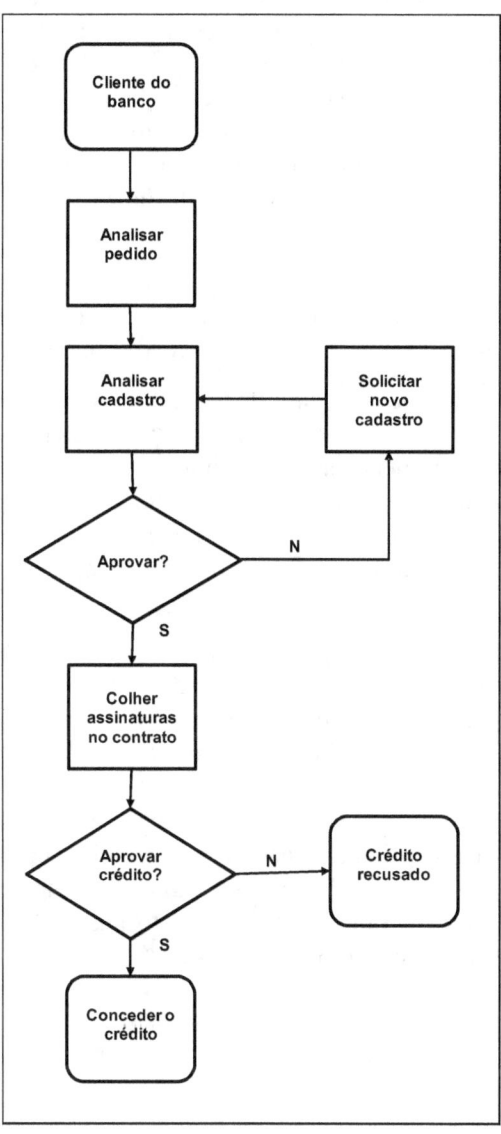

O passo seguinte é medir os tempos demandados em cada etapa e anotá-los nesse fluxograma. O terceiro passo é verificar quais etapas agregam real valor ao cliente e destacá-las das demais. *O cliente vê valor quando se entrega exatamente aquilo que lhe foi prometido e no prazo esperado.* Poder surpreender e superar a expectativa do cliente gera mais valor ainda. Atividades internas, tais como formulários de controles, não agregam valor ao cliente, o que não significa que devamos simplesmente eliminá-las. Uma nota fiscal de venda não agrega valor, mas é obrigatória. O cliente compra a mercadoria e não a nota fiscal. Ela é um documento legal e inevitável, apenas isso.

De novo, o que vai agregar valor é entregar o produto, a mercadoria ou o serviço contratado e não um formulário de papel ou digital. Porém, essa é uma formalidade da qual não se escapa.

Uma vez definidas as atividades que agregam valor de fato, verificar se as demais são realmente indispensáveis, a fim de eliminar etapas desnecessárias, melhorando o processo como um todo. O mesmo se dá com os tempos apurados em cada etapa. Se puderem ser reduzidos, principalmente os que não geram valor, maior será a produtividade e, consequentemente, o lucro da empresa.

Você quer apostar que em qualquer empresa há inúmeras atividades que poderiam ser simplificadas ou mesmo extintas? Da mesma forma, alguns cargos talvez não sejam necessários. A empresa pararia de funcionar se o colaborador "Fulano de Tal" não voltasse a trabalhar? Ao simplificar os processos, é preciso repensar também o quadro de pessoal. Empresas que visam o lucro não são entidades filantrópicas, embora, felizmente, haja uma inegável relevância social em cada atividade empreendedora. A questão é ajustar para obter o menor custo possível. Um emprego só estará garantido se a empresa for longeva.

Fundição XYZ

A diretoria da Fundição XYZ quis saber de que forma cada parte do seu processo de produção contribuia para gerar valor ao cliente. Para começar a entender essa questão, foi feito um fluxograma das atividades, desde a entrada do pedido até a entrega do produto ao cliente (Figura 8). Para ficar enxuto e caber em uma única página, lançou-se mão dos conectores. O fluxograma a seguir mostra que as matérias-primas, depois de pesadas, são levadas ao forno. Basta seguir o conector A.

O losângo mostra que há uma opção pelo Sim ou pelo Não. Se o controle de qualidade (CQ) aprovar o produto que está no forno, seguir-se-á até a próxima etapa, a da moldagem. Se não aprovar, novos materiais precisarão ser pesados e colocados no forno, a fim de corrigir o seu conteúdo. A cada novo teste do CQ, o ciclo se repete e, só quando for aprovado, seguirá adiante para a moldagem. Já é possível vislubrar um problema de desperdício típico: o retrabalho.

Figura 8 - Fluxograma da Produção da Fundição XYZ

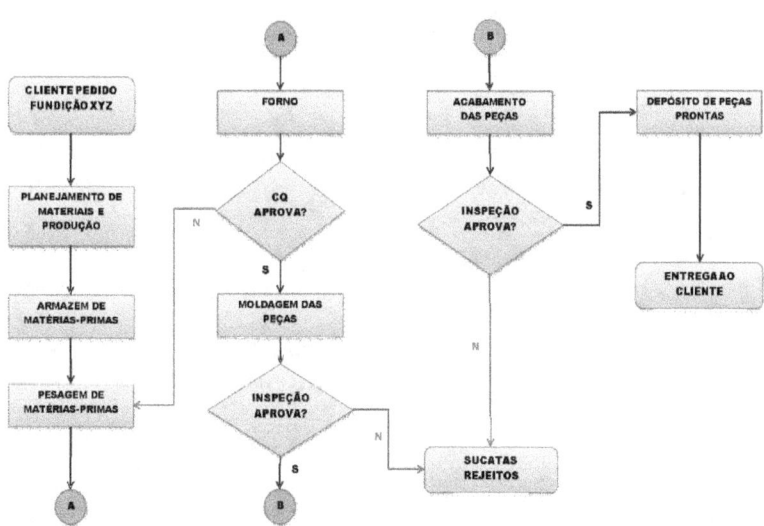

Processos que agregam valor

Na sequência, analisa-se quais etapas agregam valor de fato (Figura 9). As que fabricam o produto obviamente agregam valor, pois o cliente compra e paga por ele. Se o processo fosse perfeito, nem haveria necessidade de colher amostras e fazer ensaios no CQ.

Um teste de qualidade de insumo ou de produto revela uma atividade que, em nível de excelência utópica, seria dispensável. Logo, o CQ não agrega valor para o cliente, que simplesmente quer a peça sem defeitos. Se o fornecedor precisou fazer diversos ensaios é problema dele e não do cliente. Ele não quer pagar por isso, contudo, exige qualidade do que adquire, o que parece paradoxal. Trata-se da qualidade assegurada. O custo do produto não deve contemplar as incompetências internas nem os desperdícios.

O fluxograma da Fundição XYZ mostra que os processos na cor verde são os que de fato agregam valor para o cliente, que quer receber uma peça fundida, bem moldada e acabada. Ele espera também receber os produtos nas condições contratadas (ordem de compra), com o cumprimento dos prazos de entrega e demais condições acordadas. Talvez não se possa eliminar de imediato uma etapa do processo que não agrega valor; talvez, sim.

Figura 9 - Processos que Agregam Valor

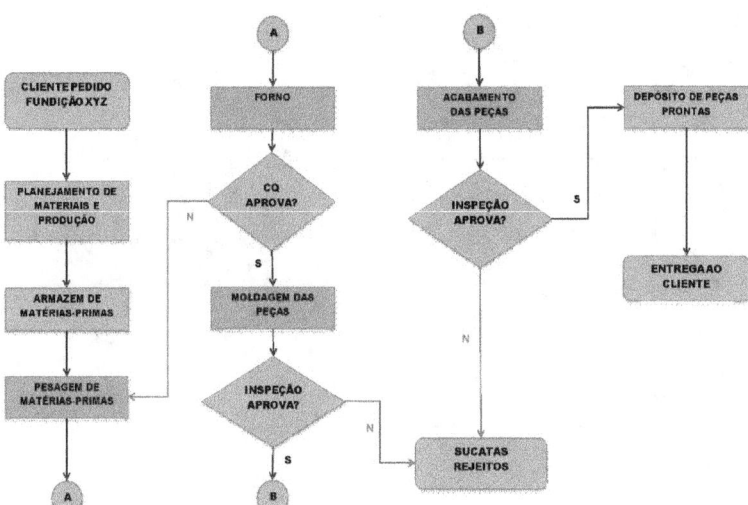

Para facilitar a compreensão desse caso, a XYZ mediu os tempos de cada etapa do processo acima e os classificou em dois tipos: os que não agregam valor para o cliente (NAV) e os que agregam (AV) (Figura 10). Constatou-se que apenas 11% de tudo o que é feito no processo industrial da empresa agrega valor. Os outros 89% não agregam. Isso não significa que todos possam ser eliminados, mas uma boa examinada neles, provavelmente, será bastante recompensadora.

Figura 10 - Total de Horas que Agregam Valor

PROCESSOS	HORAS QUE NÃO AGREGAM VALOR "NAV"	HORAS QUE AGREGAM VALOR "AV"
Cliente - pedido	8	
Programação de Materiais e da Produção	8	
Armazém de Matérias-Primas	6	
Pesagem de Matérias-Primas		1
Forno - Eletrofusão		4
Controle de Qualidade	2	
Moldagem		2
Inspeção de Peças	24	
Acabamento de Peças		3
Inspeção de Peças	17	
Depósito de Peças	10	
Cliente - Entrega	4	
TOTAL DE HORAS	79	10

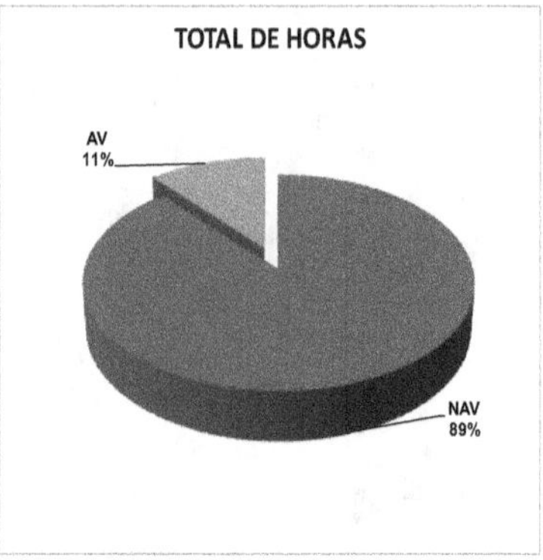

Com um estudo mais aprofundado, a chance de se reduzir o número de atividades de um processo aumenta. Esse é um desafio operacional para qualquer tipo de empresa. No Brasil, vemos diariamente situações de desperdício do tempo do consumidor. Elas podem ser observadas no excesso de etapas para se efetuar ou devolver uma compra, por exemplo. Quanto a cancelar um serviço, na maioria das vezes, isso parece ser algo realmente impossível. Haja paciência! A burocracia exagerada atua como um manto protetor da incompetência e não agrega valor algum ao cliente. A vantagem de vivermos na era das mídias sociais é que o cobertor dessas empresas pode se mostrar bem curto.

AS "7 PERDAS DA MANUFATURA ENXUTA"

Geração de refugo é uma perda pela qual cliente nenhum quer pagar. Esse tipo de desperdício nenhuma empresa deveria sequer admitir. Existem várias outras perdas nas indústrias. No entanto, algumas perdas ocorrem em qualquer tipo de negócio, como no comércio ou nos serviços. Algumas delas são notórias na agricultura e na construção civil. Um bom exemplo é o transporte de farelo de soja e de arroz. Da colheitadeira na lavoura até a indústria beneficiadora, um percentual considerável desses grãos fica pelo caminho.

Outra perda significativa é a da energia elétrica, que ocorre no percurso entre a geração e sua entrega ao consumidor final. A tecnologia e a inovação sempre podem ser parceiras para a solução de um problema. Nesses casos, o investimento antecede o benefício.

Utilizando os estudos realizados pelo Sistema Toyota de Produção (STP), os desperdícios foram classificados em sete tipos diferentes, daí o nome "as 7 perdas da manufatura enxuta"[7] (Figura 11). São elas:

1. Inventário (INV): o ideal seria que as empresas não tivessem estoques de qualquer tipo, nem de insumos, nem de produtos semielaborados ou intermediários e nem de produto final. Isso é quase impossível, mas precisamos assimilar o conceito de que devemos administrar as empresas comprometendo o mínimo possível do seu fluxo de caixa.

Cada vez que estocamos um insumo, estamos financiando esse inventário, exigindo tomada de recursos que, muitas vezes, temos que buscar nos bancos. Quando bancamos com recursos próprios, estamos deixando de investir em inovação, pesquisa e desenvolvimento ou em novos produtos e/ou serviços, os quais melhorariam as perspectivas de longo prazo do negócio. Isso

---

[7] Do vídeo do autor, as "7 Perdas da manufatura enxuta". https://www.youtube.com/watch?v=enbB8BbNZeg&t=103s.

ocorre, muitas vezes, pelo capricho do "dono", que se orgulha do estoque alto. Há situações que pode valer a pena estocar um pouco mais, como quando se tem a previsão de um grande aumento ou a falta de um insumo. Mas, fazer estoque alto como política regular não é a melhor maneira de cuidar do fluxo de caixa de uma empres

Quando isso é colocado para os gestores, eles dizem que o fornecedor lhes dá um prazo de pagamento atrativo e que, na verdade, é ele quem financia o estoque de insumos. Essa argumentação não é totalmente verdadeira, pois qualquer administrador sabe que sobre o preço à vista devem ser colocados juros proporcionais ao prazo de pagamento concedido ao cliente. Alguns contraargumentam que têm uma boa negociação com o fornecedor e que este lhes faz, a prazo, o mesmo preço à vista. Também isso não é sensato. Se o cliente tivesse uma pilha de dinheiro e barganhasse por um bom desconto para pagamento à vista, certamente conseguiria uma vantagem a mais.

A recomendação é de se ter bons contratos de fornecimento, responsabilizando o fornecedor por todo e qualquer atraso nas entregas programadas que possam gerar perdas de receita e de lucratividade. Assim, as entregas devem ser realizadas com uma certa frequência a fim de reduzir ao máximo os estoques de insumos. É bom ressaltar que não é admissível deixar de entregar produtos por falta de insumos. Este gerenciamento cabe à área de suprimentos das empresas;

2. Defeito (DEF): Toda peça defeituosa, se percebida dentro do processo, deve ser segregada. Se notada apenas pelo cliente, irá gerar devolução. Em qualquer caso, a perda ocorre;

3. Transporte (TRA): Qual a situação mais desejável para um fornecimento de insumos? Aquela na qual o fornecedor fosse um sistemista e estivesse sempre à sua porta. Assim, não haveria desperdício por transporte. Vale o mesmo raciocínio para o cliente. Que bom seria se todos os clientes estivessem localizados ao lado da fábrica, não é mesmo? Na vida real, não é assim. Hoje, o gerenciamento do custo da logística de transportes é quase uma ciência tamanha a sua importância;

4. Movimento (MOV): Nos custa um pouco compreender que todo e qualquer movimento de materiais e de pessoas representam uma perda. Materiais sendo carregados de um lado para outro dentro da empresa, do depósito para a produção, de uma máquina à outra, do final da linha de produção até a expedição, de lá para o caminhão, deste para um centro de distribuição e, por fim, para o cliente, são todos geradores de desperdícios de tempo, de salários, de produtividade e de lucratividade. Cada vez que usamos uma empilhadeira, temos aí um exemplo de desperdício de movimentação de materiais e de pessoas. Como é bom ver uma manufatura que recebe as matérias-primas a granel. Elas são armazenadas diretamente nos silos e estes abastecem diretamente as máquinas da produção. No final da linha, dependendo das características, o produto é embalado em sacarias ou caixas, as quais compõem um palete, tudo automaticamente. Dessa forma, as perdas oriundas dos movimentos são reduzidas.

5. Espera (ESP): E muito comum ouvirmos queixas de pessoas quanto ao tempo de espera nos consultórios médicos, mesmo com hora marcada. Além de esperar ser bastante ruim, o médico está desperdiçando o tempo das pessoas e gerando insatisfação em seus "clientes". O mesmo ocorre quando o médico faz um exame clínico e se utiliza de algum equipamento. Se este demorar para dar o resultado, o paciente e o médico ficam esperando: outra perda de tempo. Nos serviços, é comum precisarmos de uma aprovação documental em alguma repartição pública. Entrega-se um documento, recebe-se o número do protocolo e sabe-se lá quando haverá uma resposta. Nas indústrias, um produto que fica parado no meio do processo gera uma perda. Suponhamos que uma determinada máquina não tenha a mesma vazão das demais. As máquinas de maior capacidade produzem um certo volume que fica parado antes de passarem pela máquina de menor capacidade. Essa espera é uma perda característica que representa um gargalo na linha de produção;

6. Reprocesso (REP): Também chamado de retrabalho, é gerado quando algo não está bem controlado no processo e precisa ser refeito. Reprocessar gera gastos que tiram a competitividade das empresas e consomem recursos de toda ordem. Para que fazer duas ou três vezes a mesma coisa, se poderia ser feita de uma só vez? Eis outra forma de desperdício;

7. Superprodução (SPR): Quanto capital é necessário para fazer um estoque além do que está vendido? E se, lá adiante, esse estoque não for todo vendido? O que será feito dele?

Provavelmente, uma promoção com fartos descontos para desová-lo. Ainda que seja conveniente e estratégico se fazer uma superprodução, deve-se tentar minimizar seu volume total. A superprodução se associa com a espera. O produto fica parado por um tempo maior do que deveria, e os insumos precisam ser adquiridos em grande quantidade. Há uma perda financeira nesse processo. O fluxo de caixa é penalizado e, muitas vezes, a empresa precisa tomar recursos do sistema financeiro para bancar tal estratégia.

Cada tipo de negócio tem suas peculiaridades, mas as "7 perdas" são aplicáveis à grande maioria deles. Para melhor gerir essa questão, parte-se do fluxograma do processo, já devidamente mapeado. Os tipos de perdas presentes em cada atividade devem ser identificados.

No caso da Fundição XYZ, cujo fluxograma da produção já estava mapeado, evidenciou-se que a maior incidência de perdas ocorria quando havia uma reprovação de qualidade. Assim, fica mais fácil observar o porquê da necessidade permanente de diminuir qualquer perda dentro de um processo. Uma empresa que tem controles avançados poderá monitorar essas perdas e atribuir os valores envolvidos em cada uma delas. Dessa forma, irá chegar à conclusão de que sempre há o que ser feito, pois sempre se pode melhorar. Fazendo a mesma coisa todos os dias não se pode esperar resultados melhores. E a melhoria deve ser contínua!

Certa vez, ouvi uma boa observação de uma funcionária da programação de produção, quando conversávamos sobre esse assunto. Ela me chamou a atenção para uma perda comum à boa parte das organizações: o talento mal aproveitado. Ela tinha total razão. Essa seria a oitava perda: o desperdício de talentos existentes. Esses, muitas vezes, estão no nosso nariz e, ou não os percebemos ou não os valorizamos. Com certeza, isso se configura uma grande perda.

Figura 11 - Detectando as 7 Perdas

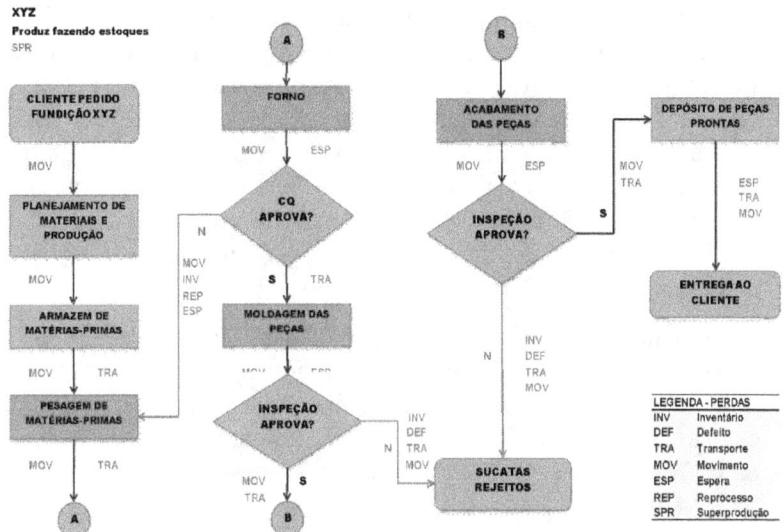

PROCEDIMENTOS

Em sua primeira experiência de fazer um churrasco de uma paleta de cordeiro, um *chef* o preparou como se fosse carne de boi. Levou mais tempo do que o esperado, mas o resultado foi bom. Na segunda vez, mudou o jeito de fazer para acelear o processo: o cordeiro não ficou bom. Na terceira vez, fez como na primeira, mas colocou a paleta um pouco mais próxima do fogo. Conseguiu reduzir o tempo e a carne ficou saborosa. Então, resolveu anotar a receita, ou melhor, o procedimento. Da próxima vez, ele seguiria a receita e tudo daria certo.

Quando se escreve um procedimento, recomenda-se usar os verbos na forma infinitiva, pois eles representam uma ação impessoal. Qualquer outra pessoa, ainda que sem prática, se seguir exatamente o que está escrito no procedimento, terá boa chance de obter êxito no seu intento. Quando um funcionário sair da empresa, outro, seguindo o que está escrito ou formalizado através de um fluxograma, com algum treinamento, saberá o que fazer. O procedimento escrito e o fluxograma se equivalem, mas o segundo é mais fácil de ser seguido, pois usa nossa capacidade visual.

Em atividades de negócios, é recomendável que os fluxogramas ou procedimentos sejam reunidos em um manual e dispostos no capítulo da respectiva área. Dentro dos escritórios com atividades um tanto complexas e principalmente dentro das fábricas, os fluxogramas devem ser facilmente acessíveis além de ficar próximos dos locais onde são aplicados. Assim, um fluxograma sobre como operar uma máquina deve estar próximo de seus controles. Da mesma forma, os procedimentos de como realizar determinada tarefa de um serviço devem estar próximos do local onde ela é realizada. A visualização facilitada ajuda. Por isso, nada de procedimentos e fluxogramas com letras ou desenhos pequenos.

Quais as principais vantagens de se ter fluxogramas e procedimentos dispostos em manuais? Simples: a empresa padroniza os processos e diminui a taxa de erros das pessoas. A execução do processo, seguindo o roteiro, não se torna infalível, mas provavelmente resultará em aprovação do produto pelo controle de identidade já na primeira vez. Imaginemos se cada funcionário de uma linha de montagem de automóveis ou de uma fábrica de medicamentos procedesse de modo diferente. Não haveria a garantia da qualidade e nem da produtividade. Os produtos ficariam mais caros e haveria um sério problema na variação de sua qualidade. Tendo acesso aos procedimentos, as pessoas que se vêem na posição de substitutas já partem com instruções claras do que deve ser feito e seu aprendizado fica abreviado.

Os procedimentos e seus fluxogramas não são definitivos. Devem ser revisados periodicamente. Aperfeiçoamentos são sempre bem vindos: é a melhoria contínua. Entretanto, melhorias de procedimento devem passar por discussões e por períodos de testes antes de serem formalizadas como novo padrão. Uma vez aprovadas, parte-se para os treinamentos do pessoal.

Senhor(a) paciente

Por circunstâncias indesejáveis da vida, passei dez dias como acompanhante de um familiar internado no melhor hospital da cidade de Novo Hamburgo, RS. Apenas para contextualizar, devo dizer que a população aproximada dessa cidade era, na época, de 250.000 habitantes.

Nesses dias, foram incontáveis as vezes em que os enfermeiros e auxiliares repetiam, exatamente, as mesmas perguntas ao paciente: Como você está se sentindo? Sente alguma dor? Tem ido ao banheiro? Está comendo e bebendo normalmente? Até as medidas de pressão, batimento cardíaco e temperatura corporal seguiam uma mesma rotina que se repetia, dia após dia, nos mesmos horários. Os índices eram lançados em uma planilha que ficava no arquivo do paciente e que servia para consultas dos médicos e enfermeiros.

Foi fácil perceber que havia uma padronização dos procedimentos e que os mesmos eram compartilhados por todo o grupo de profissionais de saúde envolvido. Tais procedimentos seguiam normas técnicas cruciais para o cumprimento das exigências dos órgãos a que estavam submetidos. Até a forma como serviam as refeições e a mecânica da limpeza fluíam segundo uma mesma rotina. Para o bem dos pacientes, essa prática estava impregnada na cultura daquela organização. Sem tais treinamentos e o fácil acesso aos procedimentos, a rotatividade de funcionários do setor seria caótica. Os uniformes de trabalho também ajudavam a identicar quem era auxiliar e quem era enfermeiro padrão, facilitando o acesso direto aos responsáveis.

A Saúde, do ponto de vista econômico, é uma área que movimenta muitos recursos financeiros e que exige constantes investimentos. Para se ter uma noção da grandeza desse setor, saiba que hoje ele consome cerca de 9% do PIB brasileiro e as tendências apontam para um crescimento vertiginoso até 2030, podendo chegar a mais de 20% do PIB[8]. Como o país carece cada vez mais de recursos, somente uma ótima gestão sistêmica do setor poderá dar vazão a esse crescimento. A necessidade de capital de giro é de alta relevância. Logo, é mister que se tenha uma gestão competente.

A Saúde trata com o que há de mais difícil em um negócio: as pessoas. Gente doente é, potencialmente, ainda mais difícil de se lidar. Porém, o ponto mais crítico talvez seja as relações com seus familiares, o que é compreensível. Se não forem encaradas como um negócio, as instituições não sobrevivem sozinhas, dependendo constantemente de doações e da ajuda dos governos, que jamais é uma certeza. Nesse ramo de atividade, tudo é muito caro. O número de colaboradores é muito significativo, pois trata-se de um serviço que funciona vinte e quatro horas por dia, todos os dias do ano. Pelo menos no hospital em que estivemos, parece haver um cuidado todo especial com o *"management"* e com as normas e procedimentos internos da instituição, vitais para ela e imprescindíveis para seus clientes, o Sr(a). Paciente.

Mitobuilding Engenharia

A M&LF é um escritório de advocacia especializado em crime empresarial. Possui notória fama na questão de *compliance* (conformidade), o que leva a direção da Mitobuilding Engenharia,

---

[8]   http://www.valor.com.br/brasil/4934818/gasto-com-saude-no-brasil-pode-chegar-um-quarto-do-pib-diz-estudo

uma empresa de construção civil, a procurá-la. O diretor presidente da Mitobuilding, Sr. Antunes, muito aflito, revela a situação.

Sua empresa contratou os serviços de um terceiro, um famoso lobista, para exercer sua influência e permitir que a Mitobuilding participasse da licitação pública de uma obra da empresa estatal Brib-Brás. O lobista, interessado em acelerar o processo, ofereceu propina aos dirigentes da estatal. Esse tipo de atitude não havia sido consultado e nem autorizado pela Mitobuilding Engenharia. Os representantes da estatal não só recusaram, como gravaram um vídeo do fato, sem que o lobista se desse conta. Agora, a empresa está respondento a um processo na justiça e seus dirigentes podem sofrer duras consequências legais. Para piorar ainda mais o quadro, a imagem da empresa Mitobuilding está seriamente abalada no mercado, pois as provas são irrefutáveis. A empresa alega que o lobista cometeu esse ato ilícito por conta própria, sem a autorização da construtora.

Após escutarem a narrativa acima, os advogados da M&LF fazem um *brainstorming* sobre o problema. Buscam entender as causas e as implicações que a ação provocaria. A lei conhecida como "Lei Anticorrupção" era a base usada pela justiça para crimes daquela natureza.

O problema foi assim apresentado pelo presidente (Figura 12):

Figura 12 - Ação Penal da Lei Anticorrupção

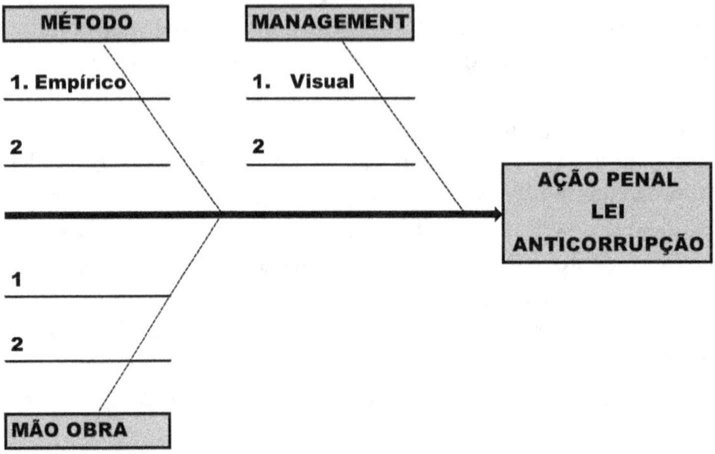

Método: Não havia um procedimento de *compliance* para contratação de terceiros; faltava um Código de Conduta e Ética com políticas claras para as áreas da Mitobuilding Engenharia.

Mão de obra: A empresa de engenharia não conhecia bem a lei anticorrupção especialmente no que se refere a um terceiro que pratica atos ilícitos, como o oferecimento de propinas, presentes especiais e outros benefícios a agentes públicos, em troca de benefícios para aquele que o contrata.

Da lei, se espera um reflexo civil-administrativo, de natureza subjetiva e não de natureza criminal, esta sempre objetiva. A Justiça poderá partir para a acusação criminal do réu, considerando o empresário como "garantidor" passível de pena, respondendo pelo ato do lobista. Não sou da área jurídica e talvez esteja interpretando mal a lei e suas consequências. No entanto, sugiro que as encaremos como sendo verdadeiras, pois o objetivo aqui é apenas ilustrar um caso de falha de *compliance*.

Management (gerenciamento): Houve falha da direção da Mitobuilding por não preparar sua equipe de dirigentes adequadamente, investindo em cursos e treinamentos, e por não ter implantado um programa de *compliance* na empresa.

Foi importante conhecer as causas para estabelecer um programa que venha a mitigar os riscos futuros. Uma ferramenta dessas pode contribuir para a redução da pena da própria ação que corre na justiça.

Assim, a M&LF irá preparar um Plano de Ação para apresentar à empresa Mitobuilding de engenharia.

PLANO DE AÇÃO (PA)

Todo plano de ação deve deixar claro a que se refere (título), conter a data e um índice de controle de documentos. O PA deve descrever o que será feito, por que precisa ser feito, como será realizado, quando, por quem e, se possível, qual o custo de cada ação. Abaixo, (Quadro 1) um PA simplificado, para uma ação apenas. Outras mais deveriam ser criadas, como o treinamento de todos os colaboradores da Mitobuilding e dos terceiros que prestam serviços a ela.

Quadro 1 - Plano de Ação

FORMULÁRIO: PA-011   DATA: 01.02.XX
PLANO DE AÇÃO PARA MITO ENGENHARIA

O QUÊ	POR QUÊ	COMO	QUEM	QUANDO			CUSTO $
				Meta	Cumprimento	Satus	
Criar um Código de Conduta e Ética na Mito Engenharia	Para mitigar os riscos futuros e reduzir a pena a ser imposta aos dirigentes e à empresa, devido a ação em curso	Usar empresa de consultoria especializada em Compliance	M&TTcomo consultores; dirigentes da Mito	Prazo da entrega da versão inicial: 01.03.XX	20.02.XX	OK	30.000,00
				Prazo da revisão e entrega da versão final: 01.04.XX	12.05.XX	Entrega fora da data	

O PA poderia ser maior e mais abrangente, criando um projeto de *compliance* para a construtora. O código de conduta e ética deveria estar baseado nas políticas de *compliance*[9] e deveria ser apenas a primeira ação. Depois, viriam a criação de um cargo de *compliance-officer*[10] e a criação de um canal de denúncias, dentre outras ações recomendáveis.

---

[9] *Compliance*: termo da língua inglesa que significa estar em conformidade com as leis, normas e regulamentos internos.

---

[10] *Compliance-officer* é o responsável pela gestão da área de compliance, ou seja, pela conformidade.

O objetivo aqui não é discutir o *compliance* em si, mas sim, mostrar que assuntos reais e legais tendem a ser mais complexos, o que não quer dizer que sejam necessariamente mais difíceis. A técnica ilustrada no quadro acima pretende mostrar que rotinas de planejamento podem ser de fácil execução e elaboradas por qualquer gestor. O acompanhamento é fundamental. Cada "dono" da ação é o responsável direto pelo seu cumprimento. Em outras palavras, não existe um plano de ação sem um "dono". É ele quem será cobrado como gestor do PA.

PARETTO – REGRA DOS 80-20

Divulgado em 1906, a regra dos 80-20 partiu de um estudo feito por Pareto[11] sobre a renda e a riqueza na Itália. Paretto constatou que 80% da riqueza estava concentrada nas mãos de apenas 20% dos italianos. Essa regra não exige a exatidão dos números 80 e 20. Na prática, muitas vezes se observa percentuais próximos a eles em situações comuns de mercado, como 80% da receita de vendas serem originados por 20% dos clientes. Em suma, a relevância de certos itens, no todo, se dá pela fórmula 80% do resultado representados por 20% dos itens.

---

[11]   Vilfredo   Frederico   Damaso   Paretto   (1848-1923).
http://www.administradores.com.br/artigos/negocios/lei-de-pareto/97991/

Cia. de Instrumentos Óticos Vênus

O presidente da "Companhia de Instrumentos Óticos Vênus" solicitou que seu diretor de vendas identificasse quais eram os maiores clientes da companhia e qual a percentagem que suas compras representavam sobre o total das vendas. Normalmente, os bons sistemas de informática (ERP e CRM) fornecem informações dessa natureza.

Usando o sistema que tinha disponível, o diretor conseguiu listar os clientes por ordem decrescente de participação nas vendas e o percentual acumulado que essas representavam em relação ao total feito pela empresa. Constatou que cerca de 80% das vendas estavam concentradas em apenas 20% do total de clientes da companhia. Está aí a regra de Pareto.

O presidente se deparou com os seguintes dados (Tabela 1):

Tabela 1 - Tabela das Vendas Acumuladas

ORDEM	CLIENTE	VENDA ANUAL ($)	%	% ACUMULADO
1	AAA	1.750,00	20,8	20,8
2	ABA	1.495,00	17,7	38,5
3	AAB	1.335,00	15,8	54,3
4	ABB	1.210,00	14,3	68,7
5	BBB	955,00	11,3	80,0
6	BAB	430,00	5,1	85,1
7	BBA	310,00	3,7	88,8
8	CCC	220,00	2,6	91,4
9	CAC	180,00	2,1	93,5
10	CCA	140,00	1,7	95,2
11	CBC	105,00	1,2	96,4
12	CCB	80,00	0,9	97,4
13	CAA	60,00	0,7	98,1
14	CBB	40,00	0,5	98,5
15	DDD	35,00	0,4	99,0
16	DAD	22,00	0,3	99,2
17	DDA	11,00	0,1	99,3
18	DBD	9,00	0,1	99,5
19	DDB	8,00	0,1	99,5
20	DCD	7,00	0,1	99,6
21	DDC	7,00	0,1	99,7
22	DBA	7,00	0,1	99,8
23	DAB	6,00	0,1	99,9
24	DCA	6,00	0,1	99,9
25	DAC	5,00	0,1	100,0
25	CLIENTES	8.433,00	100	100

A companhia tinha 25 clientes. Do total das vendas, 80% ficavam com apenas cinco clientes, ou seja, 20% do total. A continuidade da análise da tabela acima revelou que 10 clientes, ou 40% do total, respondiam por 95% das vendas e que 15 clientes, do total de 25, ou seja, 60% dos clientes respondiam por 99% das vendas (Gráfico 1). A identificação da participação dos clientes no total das vendas é bastante útil para se criar estratégias de vendas e para a tomada de decisões.

Gráfico 1 - Gráfico de Pareto Aplicado às Vendas

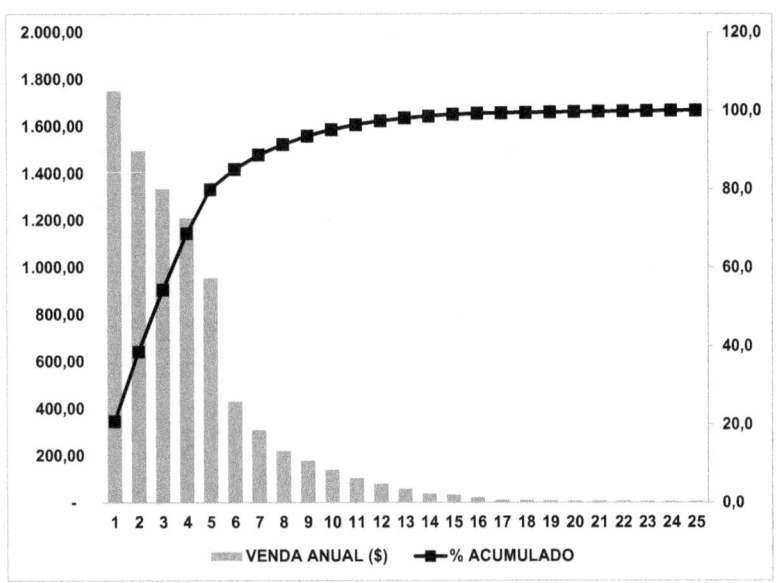

É comum se denominar de "A" qualquer cliente do grupo que representa 70% das vendas, de "B" os que representam 20% e, de "C", os últimos 10%. Então, a classificação poderia ser chamada de ABC (70-20-10). Já vimos empresas adotarem a regra ABC como 70-25-5, ou mesmo 80-15-5. Isso não é relevante.

No caso ilustrado, para facilitar a análise, distribuiu-se os clientes em grupos "A", "B" e "C", correspondentes a 80%, 19% e 1%, respectivamente. O presidente poderia passar a questionar se valeria a pena manter os últimos 40% dos clientes (C), os quais respondiam tão somente por 1% do total das vendas da companhia. Ora, 40% dos clientes exigem um esforço considerável de todas as áreas e, por maior que fosse a margem que esses gerassem, definitivamente não valeria tal esforço. Este, se concentrado nos outros 99% (A e B), trariam melhores resultados, como um melhor atendimento e a consequente fidelização.

Outro ponto detectado poderia gerar um plano de ação: aumentar as vendas do segundo grupo de clientes, os classificados como "B". Isso diminuiria a dependência da empresa que estava concentrada em apenas cinco clientes. Por fim, seria importante conquistar um número maior de clientes que pudessem se enquadrar nas categorias "A" e "B".

MATRIZ GUT PARA TOMADA DE DECISÕES

Frequentemente nos deparamos com uma situação mais grave do que outra que, no entanto, não é necessariamente mais urgente. Podemos perceber que uma tende a piorar mais rapidamente do que a outra. Uma ferramenta que ajuda a decidir qual situação deve ser tratada como prioridade é a matriz GUT[12].

Se pudéssemos resumir o papel dos dirigentes e gestores dentro das organizações, diríamos que seria a tomada de decisões estratégicas e na resolução dos problemas. Esses aparecem diariamente. Apaga-se um incêndio e vem outro em seguida. Porém, há limites de toda ordem para que se possa resolver todos os problemas. Assim, como decidir qual deles atacar primeiro? Uma boa técnica é a "Matriz GUT". O "G" vem de gravidade do problema; o "U" de urgência; já o "T" vem da tendência do problema persistir e se agravar.

---

[12] GUT (gravidade, urgência e tendência) é uma ferramenta de 1981, desenvolvida por Charles H. Kepner e Benjamin B. Tregoe. http://www.administradores.com.br/artigos/tecnologia/matriz-gut-saiba-como-montar/100040/

Contas do trabalhador

Um exemplo singelo de aplicação da GUT: Certo mês, um trabalhador, assalariado e com parcos recursos, precisa escolher uma dentre três contas para pagar: a energia elétrica, a prestação da geladeira e o conserto do televisor. Aplicando a GUT, o trabalhador deve dar uma nota para cada uma das três letras G, U e T. Essas notas vão de "1", para o menor impacto até "5", para o maior.

A conta de energia elétrica é de máxima gravidade e urgência, logo recebe nota "5" para "G-ravidade" e para "U-rgência". Sem energia, de nada adianta ter uma geladeira e um televisor. A tendência é não haver uma solução para o não pagamento dessa conta, ou seja, o problema vai persistir. Nota "5" para o "T-endência" é mais do que justo.

A geladeira está com sua prestação atrasada. Sua importância é indiscutível. No entanto, haveria a possibilidade de procurar a loja e fazer um acordo de recomposição da dívida, para que o nome do trabalhador não fosse incluído em cadastro de inadimplentes, o que prejudicaria muito seu crédito.

Quanto ao conserto do aparelho televisor, esse é o menos G-rave e o menos U-rgente de todos. A T-endência é de persistir sem solução, caso não haja condições de pagar pelo conserto. Embora seja prazeroso assistir à televisão, esse hábito não tem a mesma importância para a qualidade de vida das pessoas. Enriquece sim, mas, dentre as opções dadas, é a mais dispensável.

O trabalhador tem que escolher qual dos problemas tem maior gravidade (nota "5").A análise a seguir (Tabela 2) sugere as notas para cada problema que ficam representadas dentro da matriz GUT. Quando multiplicarmos as três notas de cada problema, obteremos o seu índice, ou seja, um número que vamos comparar com os demais. Há quem prefira somar as três notas, o que não muda a técnica. O problema a ser resolvido antes dos demais será o que obtiver o maior produto ou a maior soma. Fica fácil tomar a decisão de que o problema a ser atacado primeiro é o da falta de pagamento da energia elétrica. Essa conta pode ter uma solução imediata: correr para a casa dos seus pais!

Tabela 2 - Cálculo da Prioridade pela Matriz GUT

Problema	G	U	T	índice
Energia elétrica	5	5	5	**125**
Prestação da geladeira	4	4	5	80
Conserto da TV	3	3	5	45

Máquina antiga

Uma máquina muito velha de uma linha de produção vinha apresentando vários problemas que precisavam ser resolvidos pelo pessoal da manutenção diariamente. A empresa estava passando por sérias dificuldades de caixa e a aquisição de nova máquina, naquele momento, era impensável. Tampouco se cogitava sobre uma reforma total da máquina em questão.

A situação financeira ruim iria se agravar ainda mais se as entregas fossem atrasadas. A empresa tinha contratos que previam multas pesadas em caso de não cumprimento dos prazos acordados.

Um dos problemas atuais da máquina era que duas das dez resistências elétricas[13] estavam queimadas. O operador compensava a falta de calor, aquecendo mais as resistências vizinhas às queimadas. Só que esse aumento de temperatura, não previsto na ficha técnica, poderia prejudicar as propriedades físico-mecânicas do produto final. Até então, o controle de qualidade (CQ) não havia detectado tais perdas.

A refrigeração da máquina era outro problema sobre o qual os mecânicos se debruçavam buscando uma solução. Os dutos de água da máquina estavam comprometidos por corrosão e incrustações. Se a refrigeração fosse prejudicada severamente, a máquina poderia apresentar quebras de altíssima gravidade, como a caixa de

---

[13] Resistência elétrica é uma peça que gera calor a partir da eletricidade. Em máquinas de transformação de plásticos, o material precisa fundir-se, o que é feito através do aquecimento feito por estas peças.

redução, por exemplo. Um problema dessa ordem poderia demandar meses para ser resolvido.

Além dos dois problemas apresentados, o mostrador da amperagem[14] (corrente elétrica) não funcionava. Era um amperímetro importado e sem similar nacional. O circuito eletrônico do instrumento estava avariado irreversivelmente. O experiente operador da máquina acompanhava de perto o material que saia dela. Ele sabia identificar se o fluxo de produção do material estava irregular, o que poderia ter como causa uma sobrecarga de corrente elétrica. O encarregado da manutenção elétrica já havia feito várias medições da corrente com seu amperímetro portátil e nada de anormal fora notado.

Uma vez que os recursos financeiros eram limitadíssimos, para a tomada de decisão sobre o que resolver prioritariamente, usou-se a ferramenta "Matriz GUT" (Tabela 3). A pontuação distribuída ficou da seguinte forma:

Tabela 3 - Matriz GUT para a Máquina Antiga

Problema	G	U	T	índice
Resistências elétricas	5	4	4	80
Refrigeração	5	5	5	**125**
Amperímetro	4	3	3	36

Ficou decidido que a maior prioridade era resolver o problema da refrigeração. Esse era um trabalho corretivo que teria como ser feito pelo pessoal da manutenção e que exigiria, preventivamente, uma revisão no tratamento da água industrial usada pela empresa.

---

[14] Amperagem é a medida da corrente elétrica cuja unidade é o Ampere.

OS "5 PORQUÊS"

Quando se investiga a causa de um problema qualquer, temos boa chance de descobrir sua razão, perguntando-se: Por que tal coisa...? A cada resposta, essa mesma pergunta deve ser repetida, por até cinco vezes. O objetivo dessa ferramenta, uma das mais simples que existe, é o de se aprofundar rapidamente em um problema para descobrir a sua causa. Às vezes, a resposta é obtida com uma única pergunta; noutras, talvez se tenha que arguir várias vezes até identificar a causa real do problema.

Estudante reprovado

Vamos imaginar que um estudante de graduação tenha tido seu trabalho de conclusão de curso (TCC) reprovado. Sim, isso acontece! O pai do estudante começou a questioná-lo para entender o que teria acontecido. As perguntas e respostas foram as seguintes:

1. **Por que** seu TCC foi reprovado?
   A banca examinadora disse que houve cópia de outro TCC.

2. **Por que** você faria cópia de um trabalho que não era seu?
   Por que já havia material pronto sobre o tema.

3. **Por que** você quis um material já pronto?
   Eu não tinha tempo suficiente para fazer um trabalho original.

4. **Por que** você disse que não teve tempo, se houve um semestre inteiro para elaborar o TCC, e todos os alunos tiveram o mesmo tempo?
   É que eu deixei para fazer tudo na última hora.

5. **Por que** você deixou para a última hora?
   Eu não me dediquei no início do semestre ao TCC. O tempo foi passando e, no final das contas, eu não conseguiria fazer sem copiar o trabalho.

51

Conclusão: houve falta de comprometimento do estudante. Ele não teve responsabilidade e cometeu falha grave ao copiar a publicação de outro autor como se fosse sua.

Indústria de Laticínios TXK

A rede de Supermercados Estrela trocou de fornecedor de leite. Até então, quem lhe fornecia era a Indústria de Laticínios TXK. Isso causou uma forte queda na receita dos Laticínios TXK. Então, o presidente da empresa de laticínios indagou o diretor de vendas sobre o problema:

1. **Por que** nossa receita no mês passado caiu 15%?
   Nós perdemos um dos melhores clientes, a rede Estrela.

2. **Por que** a rede Estrela nos deixou?
   Eles decidiram trocar de fornecedor de uma hora para outra.

3. Mas **por que** eles resolveram nos trocar?
   Tivemos várias entregas fora do prazo.

4. **Por que** entregamos fora do prazo?
   Nosso CQ tem refugado muitos lotes por problemas de qualidade e eles não os liberam se não estiverem conforme o padrão exigido pelo cliente.

5. **Por que** passamos a ter lotes refugados recentemente?
   É que a nossa empresa resolveu comprar lotes de insumos de empresas que não têm um bom sistema de controle de qualidade. Eles não são tão confiáveis, tecnicamente falando. Nossa área de suprimentos fez essa opção por ser mais barato.

Conclusão: O diretor de vendas não estava querendo informar que o problema teve sua origem na área de suprimentos, que decidiu comprar insumos de fornecedores mais baratos que não atendiam à especificação técnica esperada.

O barato pode sair muito caro. Uma troca de fornecedor não é algo tão simples de se fazer. Um produto alimentício precisa ter rigor nas normas de qualidade. Qualquer troca de fornecedor deve ser bem testada antes, com algumas compras pequenas de lotes piloto.

Nem sempre a técnica pode ser aplicada com eficácia. Depende muito do grau de subjetividade e complexidade do problema. Mesmo assim, a simples aplicação dos "5 Porquês" ajuda a desnudar situações que inicialmente não eram tão claras.

Aquisição da empresa "BRA$"

1. Por que, afinal, compramos esta empresa BRA$, pergunta o CEO de uma empresa multinacional aos seus vice-presidentes (VPs)?

   Um VP explica: *nós tínhamos a globalização como um dos objetivos estratégicos de longo prazo. A empresa "BRA$" localiza-se em uma região com um bom mercado. Além disso, nossos clientes globais instalados naquele país estavam exigindo nossa presença lá.* Mas por que especificamente essa empresa que agora apresenta prejuízo?

   VP: *Nossa decisão foi tomada a partir da seleção feita pelo consultor que contratamos para nos recomendar opções de empresas-alvo nesse segmento. Após uma profunda análise, principalmente financeira e de mercado, optamos pela "BRA$". Foi realizado um processo complexo de auditorias e análises de riscos (due-dilligence) por empresas internacionais renomadas, todas parceiras da nossa corporação.*

   Os dirigentes da "BRA$" eram pessoas com realizações comprovadas e respeitadas. Tinham tradição no mercado, segundo constatamos nas muitas tratativas diretas e presenciais que mantivemos, bem como pelas opiniões colhidas no mercado. A empresa se destacava positivamente no segmento pela ética de seus dirigentes. Os indicadores financeiros eram muito bons. A empresa era focada na diferenciação, pois, assim como nós, se dedicava às especialidades. As margens eram um ponto forte. Tudo isso justificou a aquisição.

2. Por que então ela agora gera prejuízo?
    *Após a aquisição, gradativamente, perdemos clientes
    tradicionais. A receita não cresceu e os custos subiram muito
    em relação ao histórico da "BRA$". As expectativas de vendas
    para os clientes globais não se concretizaram. A estrutura,
    antes enxuta, passou a ter novos custos e os corporativos
    ficaram muito altos.*

3. Por que perderam clientes?
    *Os dirigentes locais, antes proprietários, passaram a
    dispender a maior parte do tempo cumprindo tarefas que não
    estavam acostumados. Muitos relatórios, prestação de contas
    para novas chefias, que eram estrangeiras e que ainda não
    conheciam o país, mesmo que fossem muito capazes,
    representavam a nova forma de gestão. O sucesso da "BRA$"
    estava alicerçado no relacionamento de seus dirigentes com os
    principais clientes. Desde a aquisição eles não puderam dar a
    mesma atenção a esses clientes. Não menos importante foi a
    queda nas vendas de alguns clientes bem representativos para
    o nosso faturamento, por questões macroeconômicas.*

4. Por que isso teria acontecido, se o padrão era o mesmo que já
    havíamos adotado em outras aquisições?
    *Hoje, achamos que o choque cultural da organização e dos
    seus dirigentes foi imenso. Enviamos líderes com notória
    capacidade intelectual para aquele país que não possuíam,
    porém, um conhecimento prévio da cultura local e da
    legislação do país. Os dirigentes, proprietários por mais de
    duas décadas, agora se reportavam a superiores estrangeiros e
    a um sem número de executivos globais de diferentes áreas,
    devido à estrutura matricial. Os locais não se adaptaram a
    essa situação rapidamente e nós não lhes demos uma
    preparação prévia adequada para a integração. Houve
    incompatibilidade de alguns deles com esse novo modelo de
    gestão. Por consequência, perdemos alguns talentos que não
    poderíamos ter perdido. Os dirigentes locais deveriam ter
    deixado isso claro para a corporação desde o início, mas só
    foram entender a questão quando muito tempo já se havia
    passado. Do ponto de vista deles, não é tão simples mudar de*

proprietário para funcionário dentro da mesma empresa. Isso não funcionou bem para eles, nem para nós, claro.

Aqui, se poderia explorar ainda mais a análise, talvez ampliando para mais de "5 Porquês". Pode ser que se chegasse a uma conclusão de que a empresa "A" não deveria ter interferido na gestão da "BRA$" imediatamente, deixando-a seguir por um par de anos da maneira como vinha sendo administrada e pelos mesmos dirigentes. Um diretor financeiro "importado" da corporação bastaria, pois o controle das finanças precisaria ficar por conta da adquirente, logicamente. Passado esse tempo, aí sim, a corporação poderia enviar um diretor sênior estrangeiro para comandar os negócios e implementar uma integração completa.

Sabe-se que a maior parte das aquisições não é bem sucedida em virtude das diferenças entre as culturas organizacionais envolvidas e das pessoas que passam a conduzir os negócios da adquirida. A curva do aprendizado leva um tempo maior do que o desejado, pois costuma haver uma imposição acelerada das novas regras e do novo modelo de gestão praticado pelos adquirentes.

Outro tipo de estratégia de integração poderia ser considerado nesses casos. Se for uma empresa estrangeira, como no suposto caso acima, seria proveitoso enviar os principais executivos da empresa adquirida para a sede da adquirente, como primeira missão. Esses permaneceriam lá pelo período de uns dois meses. O tempo de adaptação à nova dona do negócio, suas políticas, ferramentas de gestão e práticas de relatórios seria uma questão importante para a comunicação entre executivos globais. Talvez, esses dois meses fossem capazes de abreviar o tempo para uma integração mais efetiva, além de servir para o aprimoramento do idioma praticado pela matriz da empresa. No período em que os dirigentes estivessem fazendo essa imersão, a empresa adquirida seguiria com "vida própria". Os executivos enviados pela adquirente tratariam de não mudar a relação da empresa com sua clientela para evitar uma reação desfavorável de sua parte.

Capítulo 2
DIREÇÃO GERAL

Espera-se que todo empreendedor, seja ele o diretor de uma microempresa de informática, o dono de uma loja, um pequeno ou grande fazendeiro ou mesmo um grande empresário, se relacione bem com os *stakeholders*[15]. Qual a importância disso? O cargo máximo de toda organização traz consigo essa atribuição institucional. Quem, em última instância, deverá representar a empresa em um evento em que ela seja homenageada? Quem será convidado, por um fornecedor importante, para um almoço de negócios? Com quem o presidente da maior empresa-cliente desejará se encontrar para discutir um novo contrato de fornecimento? Todos sabem com quem. Para bem exercer o cargo mais importante de uma empresa, um dirigente não poderá expor fraquezas pouco recomendáveis, como desinformação, falta de cultura mediana e, muitas vezes, falta de fluência em inglês, o idioma adotado globalmente para os negócios.

Sempre dá tempo para estudar, independentemente da idade. Afinal, ninguém nasce com o pacote completo do saber, ele deve ser conquistado e é infinito. É muito fácil perceber se seu interlocutor é alguém que lê, que tem um nível cultural razoável e um mínimo de informação de macro economia ou geopolítica. Basta uma pergunta e uma resposta. Em jantares de negócios, é comum o tema enveredar para o mundo dos vinhos e das artes, por exemplo. A leitura, os cursos à distância (aí não vale a desculpa de não ter tempo), viagens às feiras no exterior, participação em entidades empresariais, tudo isso colabora para a formação do dirigente. Aqui, não há a intenção de menosprezar empreendedores que começaram a vida de forma humilde, com muito trabalho e sem possibilidades de uma formação mais elaborada. Ao contrário, é um estímulo a esses valorosos empreendedores, que geram empregos, movimentam a economia e são eternamente merecedores de nossos aplausos. Lembre-se: sempre se pode melhorar!

---

[15] Stakeholders são as partes relacionadas com uma empresa, como os fornecedores, os clientes, o governo, os trabalhadores, os sindicatos, a sociedade, etc...

A CABEÇA DO DONO

"Fui trabalhador incansável, lutei bravamente para fundar esta empresa, dediquei minha vida a ela, mas não sei o que vai ser daqui para frente". Como consultor, tenho me deparado diante de colocações aflitas como essa, as quais também fazia quando estava à frente de empresas. Meu papel, nesses casos e aqui neste livro, é tentar abrir os olhos dessas pessoas para não virarem "Guerreiros de Xian[16]", logo ali na frente. Porém, reconheço que tem gente que não quer mudar, pois acha que tem dado certo assim e nada a convence do contrário, a não ser que o negócio piore a ponto de parecer não ter mais solução. Aí chama o cardiologista, o psiquiatra e o consultor. Por que somente nessa hora?

Querer agir é uma opção de cada um, é atitude. Tem aqueles que querem, mas não conseguem, pois lhes falta capacidade para "tocar" o próprio negócio. Muitas vezes, essa situação pode ser resolvida, bastando, para isso, pedir ajuda externa a bons profissionais, a colegas de outras empresas ou às instituições de apoio ao empresário. As chances de se sair bem aumentam consideravelmente. Isso deve ser feito enquanto houver tempo. Por outro lado, muitos dos que têm atitude desfrutam de empresas com bom desempenho.

Independentemente do tipo de empreendedor, mas principalmente para os que nunca tiveram sua própria empresa, gerar empregos e ter desafios inimagináveis é arriscar-se, devemos reconhecer. É um contra todos. Que bom que os empreendedores existem!

Diz-se no jargão popular que "o olho do dono é que engorda o gado". É verdade, mas esse é um conceito apenas parcial do que é gerir um negócio. O crescimento está vinculado a ter colaboradores capazes. Negócios sem pessoas não existem. O número de pessoas vai depender da atividade, do segmento e, mais do que nunca, da tecnologia. Logo, ao se falar da cabeça do dono ou do CEO, devemos começar por sua capacidade de romper certas crenças, os ditos paradigmas. Quem não conhece empresas memoráveis e de

---

[16] Guerreiros de Xian são esculturas de terracota na cidade chinesa de Xi'an.

grande sucesso enquanto geridas por seus fundadores, que vieram a sucumbir na segunda ou no máximo na terceira geração? Aliás, a estatística desse dado é estarrecedora. A grande maioria das empresas não resiste à segunda geração no comando. Quais as principais razões disso acontecer? Aqui, vamos comentar alguns pontos críticos dessa realidade.

A propriedade e a gestão são coisas distintas. O comum em empresas familiares é passar o bastão aos filhos, que nem sempre possuem o perfil para dirigir um negócio. Alguns têm, podendo até mesmo superar os fundadores. Há empreendedores que preparam bem os seus filhos para a sucessão investindo em sua formação; a bem da verdade, eles precisam querer essa preparação. O ideal é trabalhar em outras empresas antes de assumir os negócios da família.

Avaliar a sucessão é um passo do qual não se pode fugir. Não adianta postergar. A melhor forma de enfrentar o problema é traçando um plano de sucessão. Há ótimos especialistas na área para orientar os empresários que ainda não adotaram essa solução. Ser herdeiro não significa necessariamente ter que ser o sucessor. Não se deve ter essa obrigação e muito menos aceitá-la apenas para não "decepcionar" os pais. É necessário desejar assumir o negócio da família e ter o perfil para tal. Para sobreviver, a empresa precisa se profissionalizar, seja através de herdeiros ou de profissionais de mercado. *Period*![17]

Cabe ao executivo principal, dono ou profissional de carreira, definir as estratégias que melhor atendam à visão de longo prazo da organização (isso vale para qualquer empresa). Essa visão representa como a empresa gostaria de se ver em algum ponto futuro. Hoje, ela pode estar longe de atender a essa vontade. Nesse caso, existe uma lacuna (*gap*) entre o ter (hoje) e o querer (visão futura). Para superar este *gap*, as principais lideranças devem definir a estratégia para se chegar lá. Alguém pode perguntar: "Muitas vezes, as coisas não acontecem como o planejado. Como faço com a estratégia então"? A resposta é simples: mude-a. O sonho continua o mesmo, mas o caminho para alcançá-lo pode ser outro, diferente do originalmente traçado e talvez desconhecido no momento. Gravem isto: empresa sem visão de longo prazo tem

---

[17] *Period*: do inglês, significa ponto final.

enorme probabilidade de não ter perspectiva de futuro e desaparecer antes. A empresa merecerá a lápide com o seguinte epitáfio: "A vida não perdoa nem os justos, se esses negarem o planejamento".

Aqui, um primeiro e grande paradigma: a descrença no planejamento que muitas vezes é justificada pela falta de crença nas previsões. Podemos até concordar que costumamos errar em nossas previsões. Nesse caso, estamos falando de coisa séria: de negócios. Por isso mesmo, não se pode acreditar que alguém possua uma "bola de cristal". Entretanto, algumas tendências têm chances razoáveis de acontecer. Quando avaliamos os cenários futuros da empresa, temos que seguir uma metodologia apropriada, que já existe na teoria e que vem sendo cada vez mais aplicada.

É muito difícil acertar previsões, mas o erro será ainda mais severo se sequer refletirmos sobre as possibilidades futuras. Esse tipo de reflexão o empreendedor jamais deve exercitar sozinho. As principais lideranças da empresa devem se reunir por alguns dias para tratar desse assunto. Com toda a isenção que aqui cabe, se a empresa puder contar com a participação de suporte externo, ainda melhor. A desculpa da falta de tempo pode revelar uma carência da habilidade de se autogerenciar ou desleixo quanto à existência de risco em relação à longevidade da empresa. Afinal, essa discussão pode decretar a perenidade ou a falência da empresa.

Pelo menos existe uma certeza absoluta que deve ser compartilhada: a mudança. Sua existência é inegável e exige reflexão. O conceito de mudança é conhecido desde a Grécia antiga e foi sintetizada por Heráclito de Éfeso[18], quando afirmou não ser possível entrar no mesmo rio por mais de uma vez, pois suas águas sempre serão outras. Plagiando Heráclito, algumas figuras atuais exploram o tema valendo-se dessa afirmação para cobrar fortunas por palestras. Afinal, alguém duvida que seu negócio vá mudar assim como o mundo? Quando? Já!

O fato é que estamos vivenciando um momento ímpar na história da humanidade, onde a velocidade das mudanças está se tornando exponencial. A Primeira Revolução Industrial aconteceu no final do século 18 e início do século 19, quando a indústria têxtil

---

[18] Heráclito de Éfeso, um filósofo pré-socrático (século VI a V a.c.) da Grécia antiga. Disponível em: http://www.redalyc.org/html/2410/241019315011/.

passou a empregar vapor para mover as máquinas em suas fábricas. Houve um forte deslocamento de artesãos e agricultores para as fábricas. Cerca de um século depois, no início do século 20, surge a Segunda Revolução Industrial, com o desenvolvimento da metalurgia e da química, graças à geração de energia elétrica. Surge o automóvel e inicia-se a época do Fordismo. Um período de grande desenvolvimento no pós-guerra marcou as décadas iniciais daquele século.

Inicialmente, houve descrença quanto à possibilidade do automóvel ser adotado largamente pela população. Os donos e empregados das empresas de carruagens, os ferreiros e as estalagens (toda a cadeia de valor do transporte por tração animal) torciam o nariz para uma nova realidade que surgia. Eram descrentes e, como sabemos, sucumbiram. O mundo havia mudado mais uma vez. Os empregos migraram. Em seu auge, também não foi fácil para a nova indústria americana conseguir empregados. Houve crises no caminho, como a quebra da bolsa americana e a segunda guerra mundial (1939-1945), mas o progresso continuou. As décadas seguintes mostraram uma evolução jamais vista. Outra grande transformação despontava no horizonte: a Terceira Revolução Industrial.

Lá pelos anos 70, houve crescente demanda por mão de obra especializada. Surgiram os computadores. A geração atual com mais de 60 anos sabe bem o que isso significou. No terceiro ano do curso técnico de Química (1972), ano que antecedia o ingresso à Universidade, havia a temida prova classificatória (vestibular) para garantir uma vaga. A disciplina de Matemática do curso técnico dedicou o último semestre inteiro ao estudo da régua-de-cálculo. Já em outras escolas, o ensino da Matemática se aprofundava no estudo de conjuntos e lógica, conteúdos fundamentais para o que estava surgindo, e que iria mudar a vida de todo mundo, novamente.

A régua de cálculo, que tanto orgulhava os engenheiros e técnicos da década de 50 e 60 que as ostentavam nos bolsos de seus jalecos, nada mais era do que uma peça plástica com escalas marcadas que exigia largas horas de estudo para manuseá-la. Levamos um semestre inteiro para aprender todos os recursos daquela engenhoca. Apesar de efetuar as quatro operações matemáticas, cálculos logaritmos e de trigonometria, a régua de cálculo não tinha precisão absoluta. Mas, para aquela época, era uma ferramenta e tanto. Que invenção! No entanto, logo em seguida, seria transformada em peça de museu.

Estavam surgindo as primeiras calculadoras eletrônicas, que eram muito caras para os menos abastados. A falta de visão da escola técnica quanto à inovação tecnológica, que tinha forte tendência de se tornar uma ferramenta acessível a qualquer negociante e estudante, foi uma aberração e um verdadeiro desperdício de tempo. Quem elaborou o conteúdo da disciplina devia estar com a cabeça enterrada na areia para não enxergar a mudança, tal qual um avestruz. E, como sempre, a mudança aconteceu.

Tendo entrado na universidade, eu costumava passar diante de uma loja à rua Dr. Flores em Porto Alegre que, para variar, não existe mais, pois faz tempo que fechou. Lá, havia duas marcas de calculadoras na vitrine: a HP™ e a *Texas Instruments™*. Vivi um longo namoro com a vitrine e as calculadoras. Aquilo era um sonho de consumo que, depois de suadas economias, foi realizado. A informática crescia a passos largos e poucos entendiam do assunto. Novas profissões surgiam em decorrência dela, como a dos programadores. Era o novo aterrissando.

O segundo semestre foi contemplado com uma disciplina de *Algol*[19], uma linguagem de programação da época. Alguém com menos de 50 anos já ouviu falar dela? É de se apostar que não, e nem precisa mesmo. Outras linguagens da época, como o *Fortran* e o *Cobol*, criadas a partir dos anos 50 e 60, precisaram evoluir e integrar linguagens mais atuais. Essas três linguagens foram essenciais no desenvolvimento da programação. Hoje, quem as conhece? Porém, a essência delas continua a participar da nossa vida, ainda que não o saibamos, salvo os profissionais especializados em informática.

Na época, a programação era gravada em cartões perfurados em máquinas especiais. Depois, as dezenas de cartões usados para resolver uma simples equação de segundo grau rodavam em

---

[19] Algol a mais poderosa linguagem para programação científica; Fortran, a mais amplamente linguagem de programação científica usada, e Cobol, a linguagem mais importante de programação aplicada comercialmente. Disponível em: https://ntrs.nasa.gov/archive/nasa/casi.ntrs.nasa.gov/19720025540.pdf de 1972, autor F. P. Mathur.

máquinas enormes. Elas tinham uma capacidade admirável para a época, mas bem menores do que qualquer aparelho de celular tem hoje. Passados uns poucos anos, vieram os computadores pessoais, minúsculos, se comparados aos seus antecessores.

A evolução acontecia rapidamente. A mudança, inexorável! Na sequência, vieram versões novas: os computadores 286 (6 MHz do processador e HD de 10 MB), 386, 486 e Pentium. Vimos surgir o disco flexível, disquetes rígidos, *mini disks*, CD, notebook, mouse, teclado sem fio,... a lista não termina. Adquiri um computador 386 que tinha um disco rígido com capacidade de 30 *mebabytes*. Um sucesso na época. Se ainda estivesse em operação, hoje seria um equipamento pré-histórico. Não conseguiria usar o *Windows*™, nem rodar um vídeo do *Youtube*™. O usuário tinha que saber usar o sistema operacional Microsoft™ *Disk Operating System* (MS-DOS). Posteriormente, surgiu o ambiente Windows™ que revolucionou o mundo dos computadores. Que bom!

A maioria reconhece os ganhos gerados com o advento do celular e de outros avanços tecnológicos que surgiram em praticamente todas as áreas do conhecimento. São inegáveis. Então, por que não evoluir na gestão também? Se existe a certeza de que aquilo que funcionava no passado pode não funcionar daqui para frente, então, é preciso mudar.

A boa notícia boa é que, para nosso deleite, muita novidade ainda vem por aí. A vida tende a ficar ainda mais fácil. A notícia ruim é que a maioria das empresas vai deixar de existir em até duas décadas, segundo previsões "otimistas" de alguns especialistas. Muitas profissões, idem. Outra boa notícia é que outras empresas surgirão para substituí-las, outros tipos de negócios e profissões nascerão.

Diante dessa realidade, a nova gestão exige profissionalismo e constante atualização. Na verdade, a curva ascendente e exponencial do conhecimento já não nos permite acompanhar integralmente a evolução de qualquer ciência. Imaginem se nada fizermos... seremos outro dinossauro fossilizado?

Um segundo paradigma é a relação com as pessoas, com os funcionários, ou como dizem, com os colaboradores. Tanto faz. Foi-se o tempo do senhor proprietário que tinha a postura típica de chefe, com seus sofismas, que fez sucesso no passado. Hoje, ele é questionado pelos sucessores e líderes de sua própria organização. Existe solução? Claro!

Dois casos reais, curtos e ilustrativos. O primeiro aconteceu com este autor, que sempre acompanhou as evoluções tecnológicas, usando os recursos dos equipamentos eletrônicos e do mundo digital para se manter conectado. Recentemente, escutei o comentário de que digitar no smartphone apenas com o dedo indicador da mão preferida é um indicador de pessoa "velha". Isso feriu meus brios. Tratei de começar a usar os dois polegares em minhas mensagens, como fazem os jovens. Confesso que não tem sido tão fácil acertar as teclas de meu *smartphone*, mas estou melhorando. Em outras palavras: já fui bem pior. Já ganhei velocidade na digitação. É necessário se adaptar ao mundo, pois jamais acontecerá o contrário. As oportunidades são para os atentos, basta aceitar os desafios que se apresentam.

O segundo exemplo vem dos almoços de minha família aos domingos. Neles, fotos e vídeos dos familiares têm sido mostrados para a mãe-avó-bisavó. Ela fica encantada com os recursos do *WhatsApp™*, que permitem falar e ver netos e bisnetos que vivem bem longe dela. Ela usava um celular com teclados, mas consultava os números anotados à mão em uma folha de papel. Seu celular não era do tipo *touch screen*. A vovó questionou os filhos sobre a possibilidade de conseguir manusear um smartphone. Ela foi professora primária e lecionou literatura brasileira para adolescente e, até hoje, mantém o hábito de ler, em média, vinte livros por ano. Seus filhos responderam que, como ela era muito inteligente e, felizmente, seu raciocínio permanecia normal, ela seria capaz de aprender sem sobra de dúvidas. Será?

O aparelho foi comprado e a orientação inicial de dar dois toques para ativar ou descansar a tela foi dada. O nível de dificuldade para dar esses dois toques leves e rápidos foi tão alto, que custei a compreender. Eles não eram sincronizados e, nas primeiras vezes, parecia que o seu dedo indicador iria perfurar o celular. A pausa entre os dois toques não fornecia a correta instrução ao software. Vencido o primeiro desafio, com a tela ativa, agora ela precisava deslizá-la para cima a fim de que os aplicativos aparecessem. Parecia um albatroz pousando: um desastre! Mas era compreensível. Vovó foi gradativamente superando a falta de jeito para lidar com o novo brinquedo. Afinal, era uma tremenda novidade. Ainda não chegamos na próxima lição: usar o *whatsapp*.

Fazer *download* de aplicativos? Nem pensar, por enquanto. É difícil imaginar que uma pessoa tão inteligente tenha tamanha dificuldade para migrar do mundo analógico para o digital. Mas isso é justificável. Viver uma vida inteira em um tipo de universo e, repentinamente, entrar em outro não é tarefa fácil para ninguém.

Pois bem, eventos como esse podem se passar com cada um de nós diante das novidades tecnológicas que não param de nos ser apresentadas. É um sem-fim de inovações. Para minimizar esses possíveis obstáculos diante do novo, recomenda-se uma integração às formas de conhecimento disponíveis. Boa parte delas é acessível gratuitamente.

Também é muito importante que todo profissional, de qualquer nível de uma organização, reforce o hábito da leitura. Livros impressos e digitais, jornais, revistas e websites são meios disponíveis para todos os gostos. Não dá para parar no tempo, sob a pena de vir a fazer parte de um novo "Exército de Terracota".

ESTRATÉGIA

A alta cúpula é quem determina a estratégia de longo prazo de uma organização. Já que ela tem uma "Visão" e sabe aonde quer chegar, precisa decidir o que vai fazer para alcançar o ponto almejado. Para isso, é preciso definir a estratégia que a organização irá adotar. Apesar de não ser inalterável, a estratégia não pode ser mudada a cada mês, a cada susto que a empresa leva. É necessário haver consistência. Todos os esforços devem se voltar para o objetivo geral, a Visão, mantendo-se a mesma estratégia pelo tempo em que ela fizer sentido. Quando deixar de fazer, muda-se, mas o alvo futuro segue o mesmo.

A Visão é um norteador estratégico, por isso não faz sentido que ela seja alterada a cada ano. A Visão deve ser o que a empresa mais deseja. Se almejar ser líder regional em cinco anos, por exemplo, precisará lutar para que isso aconteça. A alta cúpula deverá decidir qual estratégia deverá acompanhar essa viagem ao futuro, a fim de que, mais adiante, sua empresa possa alcançar a liderança de mercado tão sonhada.

Quando o mar estiver revolto, não se sai para passear de barco. Espera-se por alguns dias no porto e, talvez, mude-se a programação, pois o barco só deve partir quando o mar estiver mais favorável. Porém, o barco talvez já esteja navegando quando vier o mau tempo, que pode ser uma pequena tempestade de verão ou uma frente fria com dias de duração. Nesse caso, é preciso enfrentar a ameaça com todas as suas forças. Se for uma tempestade de verão daquelas bem localizadas em uma área pequena, não será um problema, pois o comandante e seus tripulantes estão bem treinados para enfrentar esse tipo de situação. Fora os enjoos normais dos passageiros, nada de pior acontecerá. Caso o mau tempo decorra de uma frente fria, de frente e de baixa pressão, é provável que o comandante não tenha analisado a previsão de tempo antes de sair a singrar os mares. Pior ainda, se a examinou e não soube interpretá-la. É obrigação do comandante planejar a viagem, estudar os ventos, as marés e as correntes, avaliar as ondas e todas as previsões do tempo junto às melhores fontes. Hoje, as informações estão todas aí, basta acessá-las para gerar o conhecimento necessário para uma tomada de decisão consciente antes de agir.

Com uma empresa, ocorre a mesma coisa. Um dirigente que não faz reflexões sobre o futuro do mercado, do país e do mundo, analisando tendências de várias naturezas, não é capaz de tocar uma organização com sucesso. É como se um músico que só sabe tocar de ouvido quisesse tocar em uma orquestra. Se ele não for capaz de ler partituras, será incapaz de tocar uma música da mesma maneira duas vezes. É preciso estar preparado. O processo de capacitação deve ser uma prática constante, pois só os melhores sobrevivem.

Antes de refletir sobre como o ambiente externo irá influir na estratégia adotada, se espera que o conselho de administração, preferencialmente, ou a alta direção tenham feito uma análise do ambiente interno, com a devida avaliação dos pontos fortes e fracos, assim como uma pesquisa de satisfação dos funcionários (pesquisa de clima).

Para entender o ambiente externo, é preciso estar bem informado. A velocidade das mudanças é exponencial, portanto, jamais se pode descuidar das macrotendências. Como saber quais são elas? Lendo muito e trocando ideias com fornecedores, clientes e instituições de classe. Outras fontes informativas são as universidades e os institutos tecnológicos. Feiras comerciais, congressos e cursos também podem ser explorados com o mesmo propósito.

Não há motivo para se justificar, dizendo que não se conhecia aquilo que estava "escrito nas estrelas". É possível conhecer as macrotendências, mas, para isso, é preciso que elas sejam acompanhadas com lupa a todo o momento.

Se as macrotendências forem agrupadas segundo uma lógica de afinidade, ficarão bem mais fáceis de se serem entendidas. Primeiramente, é recomendado agrupar as econômicas, cujas previsões são as mais aguardadas e as mais incertas de todas. Nenhum economista sabe prever a taxa de câmbio daqui a três dias, pois não pode sequer garantir a do fechamento do dia. Porém, dentro de uma faixa de variação aceitável, o esperado é que acerte qual será a taxa de câmbio ao final do ano corrente. Isso é feito por inúmeras instituições bancárias e por consultorias especializadas.

Semanalmente, o Banco Central do Brasil (BCB)[20] divulga as taxas de câmbio e outros indicadores para o final do ano corrente e para o vindouro. São cerca de cem instituições que enviam suas previsões para o BCB decidir aquela que melhor representa a previsão desse grupo de especialistas. Quem terá melhor chance de acerto, você, este autor ou eles? Sem dúvida, eles.

Por outro lado, a economia é extremamente sensível a qualquer mudança na geopolítica global, assim como a outros fatos relevantes. Uma tendência é indicativa, mas jamais exata. Como exemplo, bastou sair no noticiário que a Petrobrás teria que pagar uma multa bilionária por suas ilicitudes, para que a taxa do dólar no Brasil mudasse imediatamente. Porém, a longo prazo, há maior estabilidade e é com essa visão estendida que o estrategista precisa ver o mundo. Outra boa fonte é o Fundo Monetário Internacional, (FMI)[21].

As macrotendências de natureza tecnológica são apaixonantes para a grande maioria das pessoas. A humanidade levou milhões de anos para desenvolver a roda, e só inventou o automóvel e o avião há pouco mais de um século. A internet começou a ganhar força a partir da década de 1990. Os principais aplicativos dos nossos celulares foram criados a menos de 15 anos e, em muitos casos, há menos de dez. Empresas antigas e admiráveis, como a *General Motors* e a *General Eletric,* passaram, em curto espaço de tempo, a valer menos do que algumas empresas de tecnologia da informação.

De repente, para fazer sombra aos tradicionais fabricantes de automóveis, surge a *Tesla™,* que desenvolve carros inovadores, elétricos e que até mesmo não precisam de motorista. O veículo autônomo está sendo desenvolvido pelas principais indústrias automotivas, mas também por novas fábricas que querem disputar esse mercado, gente que jamais fabricou uma peça de carro antes, como o *Google™.*

Vem por aí um maremoto de *startups* dispostas a mudar o *status-quo* do mundo que conhecemos hoje. O *bigdata*, que organiza os dados acumulados na rede global, hoje contados em *zettabytes*[22] e a internet das coisas, que começa a entrar nas

[20] http://www.bcb.gov.br/pec/GCI/PORT/readout/R20171229.pdf

[21] http://www.imf.org/en/countries

empresas com o advento da quarta revolução industrial, já não é mais o "último grito". Agora já se fala em internet de tudo. Primeiramente, partes das máquinas e equipamentos interagem entre si; em seguida, e se valendo da primeira, tudo é conectado. E assim, nossas vidas passam a ser "geridas" ou "conduzidas" no nosso dia-a-dia.

A inteligência artificial já está a serviço do homem. Alguns hospitais brasileiros já empregam os recursos do *Watson*[23] para diagnosticar o câncer em certas situações. Esses recursos também já são usados em pesquisas de genomas e até pela Polícia Federal, que se vale do sistema para abreviar a análise de documentos em busca de palavras que possam estar disfarçadas e que forneçam pistas ou evidências de tráfico de drogas.

Retomando o tema da Quarta Revolução Industrial, que nos apresenta um sistema físico-cibernético, é preciso dizer que ela envolve uma mudança brutal no jeito de se produzir grãos, produtos industrializados e serviços, com perdas menores, precisão maior, redução de estoques e taxa de produtividade jamais alcançada.

A internet das coisas, a impressora "3D", a robótica, a comunicação digital, o surgimento de novas profissões, a extinção de várias outras, a valorização do talento, a flexibilização do trabalho, tudo isso são tendências que devem ser concretizadas. Quando isso irá afetar a sua empresa? Esta é uma pergunta sem sentido, pois já está afetando. Basta olhar ao redor. Isso é assustador? Pode ser, mas, ao mesmo tempo, é empolgante. Que mundo fantástico está por vir! Mesmo assim, você continua assustado? Toda a população mundial está no mesmo barco. Vamos acreditar que bons timoneiros se revezem na condução da nossa embarcação e nos levem até esse mundo promissor.

As previsões mais fáceis, dentre as megatendências, são as que lidam com dados sobre a população. Alguém ainda não acredita

---

[22] 1 Zettabyte = 1.000.000.000.000.000.000.000 bytes = 1 x 10^{21} bytes. Em seguida, ouviremos falar dos Yottabyte, onde uma unidade equivale a mil Zettabytes.

---

[23] Watson é um computador da IBM com um sistema que opera com Inteligência Artificial. A área cognitiva vem sendo desenvolvida e, apesar de ainda ter um bom caminho a ser percorrido, já existe.

que o ser humano hoje vive mais do que a média de duas décadas e muito mais do que a média de cinco décadas atrás? Países importantes têm apresentado baixa taxa de crescimento populacional. O Brasil conta com o Instituto Brasileiro de Geografia e Estatística (IBGE), uma ótima fonte de informações sobre a população brasileira e seus indicadores (taxas de crescimento, natalidade, grau de instrução,...). Todas essas informações estão lá, por estado da federação e por regiões, inclusive. Aqui, vale mencionar aquela palavrinha mágica da qual todos nós gostamos: gratuitamente! Imagina-se que outros países, pelo menos os mais importantes, tenham fonte similar.

O IBGE[24] informa que 51% da população brasileira com 25 anos ou mais tem apenas o ensino fundamental completo. Como esse pessoal vai acompanhar as exigências de maiores competências diante da quarta revolução industrial? Os governos deveriam estar deveras preocupados em traçar políticas para minimizar essa situação. E nossas empresas? Hoje, investem em talentos e capacitam seus colaboradores? Que tal seus dirigentes seguirem se capacitando? Fica o desafio e o incentivo para estudar e viajar para conhecer outras realidades do mundo e do próprio país. Alianças estratégicas podem ser boas opções para reentrar mais fortalecido no jogo.

Analisando mais detalhadamente o site do IBGE, percebe-se claro sinal de que a população brasileira deve passar a diminuir por volta de 2045 e que, a do estado do Rio Grande do Sul, já deverá reduzi-la a partir de 2030. Que tremendas informações para o produtor agrícola, o fornecedor de vestuário, o provedor de internet, de telefonia e de bens de consumo em geral. Países dos quais pouco ouvimos falar irão ultrapassar o Brasil em número de habitantes em duas décadas. É importante saber isso? Absolutamente! Que empresário irá abrir uma nova indústria se os dados disponíveis não forem compatíveis com suas expectativas e necessidades de tamanho de mercado? Uma observação: é importante sempre analisar vários indicadores e a combinação deles.

[24] Agência IBGE Notícias, https://agenciadenoticias.ibge.gov.br/agencia-sala-de-imprensa/2013-agencia-de-noticias/releases/18992-pnad-continua-2016-51-da-populacao-com-25-anos-ou-mais-do-brasil-possuiam-apenas-o-ensino-fundamental-completo.html, atualizado em 21 dez. 2017.

Baterias Silva & Nelson

O dono da fábrica "Baterias Silva & Nelson" vinha se debruçando sobre uma questão muito comum na vida de uma empresa, mais ainda nas organizações familiares de pequeno ou médio porte. Seu questionamento era: como permanecer "vivo" diante das muitas adversidades já existentes e com outras, talvez ainda mais difíceis, aterrissando em breve? Foram coletados alguns pontos positivos e negativos do ambiente interno (Quadro 2):

Quadro 2 - Ambiente Interno

Ambiente interno

Pontos fortes	Pontos fracos
Bom relacionamento com clientes	Vendas estagnadas há três anos
Situação financeira tranquila	Empresa relativamente pequena
Inexistência de endividamento	Marketing fraco
Tradição de 25 anos no mercado	Sem condições de fazer investimentos
Produto bom	Poucos talentos na equipe
Bom sistema de TI	Lucratividade muito pequena
	Maquinário obsoleto

A concorrência conta com algumas empresas de porte bem maior do que o da "Baterias Silva & Nelson", havendo até multinacionais disputando esse mercado. A empresa atende apenas o segmento de reposição, deixando a melhor fatia, as montadoras de automóveis, fora do seu negócio. A empresa tem se mantido com baixa lucratividade, mas não está endividada. Sua gestão é bastante conservadora. Nem a empresa e nem os sócios teriam recursos para um investimento significativo. Outro ponto relevante é a questão sucessória, pois nenhum dos herdeiros trabalha na empresa e nem teriam capacidade para tal.

No ambiente externo, a perspectiva se agrava a cada dia. Examinando as megatendências, os sócios concluíram que as tecnológicas seriam as de maior risco e, em segundo, as regulatórias. Com o advento dos automóveis elétricos, o tipo de bateria passará a ser completamente diferente. A "Silva & Nelson" não tem condições de investir nessas novas tecnologias que exigem valores completamente acima de sua capacidade de crédito.

Reforçada por essa tendência, a questão regulatória mostrará a cara para os motores poluentes que hoje predominam no mundo. A emissão de gases passará a ser ainda mais monitorada. O tipo atual dos veículos parece estar mesmo com os dias contados.

Na avaliação da estratégia de produto, para orientar qual deveria ser o foco para as ações de marketing, optou-se pelo uso de uma ferramenta conhecida como Matriz Ansoff[25] (Quadro 3). Essa ferramenta separa mercados e produtos e os divide em existentes e novos. O quadrante da combinação desses aponta para as estratégias a serem adotadas.

A "Silva & Nelson" atua em mercados consolidados e tradicionais, os ditos existentes. Uma alternativa de crescimento seria expandir sua atuação geográfica e colocar mais distribuidores e vendedores. Porém, a concorrência reage a qualquer tentativa de crescimento. Os carros elétricos, que em poucos anos irão povoar a frota nacional, estão no quadrante dos produtos novos e de mercados novos. A estratégia poderia ser a da diversificação de produtos, com baterias para carros elétricos. Entretanto, o produto é sofisticado, requer tecnologia cara e altos investimentos. Além disso, ainda não está claro para os sócios se haveria oportunidade para o mercado de reposição. Se o fornecimento direto às montadoras for a única alternativa, o quadro se agrava ainda mais. A empresa não tem tradição alguma no mercado de fabricantes de automóveis. Para entrar nele, o desafio seria monumental, a começar pelas certificações de normas complexas.

---

[25] Criada por Igor Ansoff. Disponível em: http://www.economist.com/node/11701586.

Quadro 3 - Matriz Ansoff"

		PRODUTOS	
		Existentes	Novos
MERCADOS	Existentes	Penetração de mercado	Desenvolvimento de produtos
	Novos	Desenvolvimento de mercado	Diversificação

Outra ferramenta de uso amplo em análise estratégica é a "Matriz BCG" [26] (Quadro 4), que é inspirada no ciclo de vida de um produto. Essa matriz procura abordar a participação relativa de um produto no mercado e o potencial de crescimento desse mercado, a fim de identificar as melhores ações a se executar.

O Quadro 4 retrata a combinação de baixo e alto crescimento do mercado e a participação relativa de mercado. O produto da "Silva & Nelson" está no quadrante representado pelo cachorro (no Brasil também se usa um abacaxi). Aí, residem os produtos de baixa participação no mercado e com atuação em mercado consolidado de baixo crescimento.

Ao pensar em entrar no mercado de baterias para carros elétricos, estará considerando que sua participação no mercado é baixa, mas que em alguns anos o respectivo mercado será alto. Isso remete o caso ao quadrante da interrogação ou das oportunidades. Requer investimento alto e, devido à baixa participação no mercado, gera um retorno baixo. Se a participação fosse alta nesse mercado de alto crescimento, seria uma estrela. Entretanto, exigência de investimentos, nesse caso, seriam consideráveis.

---

[26] Matriz BCG, criada por Bruce Henderson da Boston Consulting Group (BCG). Disponível em: https://www.bcgperspectives.com/classics/author/bruce_henderson/.

Quadro 4 - Matriz BCG

As análises feitas pelas duas ferramentas, aliadas aos problemas internos levantados, levaram os sócios a concluir que a empresa "Baterias Silva & Nelson" não teria como se sustentar no mercado por longo tempo. O próprio parque fabril, já obsoleto, precisava ser renovado com urgência e não havia recursos para tal. Nenhum investidor bem informado investiria naquela empresa.

Uma saída cogitada foi usar sua estrutura de vendas e firmar um contrato de distribuição de peças para veículos junto ao mercado de reposição. E, em um futuro próximo, talvez conseguir um contrato de distribuição de uma marca global de baterias elétricas. Outra possibilidade que está sendo analisada é a fusão de duas ou três empresas similares, cuja resultante teria maior poder de fogo e potencial de investimento.

BOM DIA

Relato aqui uma prática que aprendi em meu primeiro emprego e que me fazia sentir muito bem. O fundador e diretor presidente, na primeira hora da manhã, fazia uma caminhada por toda a fábrica, cumprimentando cada gestor, alguns funcionários e, algumas vezes, mantendo até mesmo um breve diálogo com eles. Isso aproximava os funcionários da direção e vice-versa.

Durante as três décadas que empreendi, apliquei essa lição. Diariamente, circulava pela empresa, cumprimentando os líderes e alguns operadores, aleatoriamente ou não, com um "bom dia", citando o nome da pessoa. Muitas vezes, também dava um aperto de mão. Com o tempo, o grupo foi crescendo e eu já não sabia de cor o nome de todos, mas, ao cumprimentar um funcionário, pedia desculpas e perguntava o seu nome. Eu tinha prazer em fazer isso, pois os colaboradores percebiam que eram bem-vindos. Sem eles, a empresa não existiria. Dessa forma, o dia prometia ser melhor para todos.

Isso vale também para os supervisores, gerentes, diretores e CEO, enfim, para todos. Vale a pena humanizar as relações de trabalho entre os diferentes graus de hierarquia. A grande verdade é que as pessoas apenas ocupam cargos diferentes, mas todas merecem igual respeito. Lembro-me de que as férias da faxineira geravam certo pânico na empresa. Todos têm importância dentro de uma organização. Não fosse assim, nem deveriam estar lá.

Recentemente, visitei um cliente e vi que o presidente daquela empresa tinha o mesmo costume. Fiquei contente de ver que é uma prática em várias organizações. Se você, presidente, diretor, gerente ou supervisor não procede assim, que tal experimentar, nem que seja por um dia somente? Você quer saber quando? Que tal no dia do seu aniversário? Você vai ver que bom presente estará se dando. Você merece, não?

OS "4M" DA ATRATIVIDADE DAS EMPRESAS

Todo dono de empresa, seja ela do tamanho que for, fica imaginando o valor de mercado do seu negócio. Aquele sonho de vender a empresa e passar o resto de seus dias em praias tropicais raramente acontece, sinto dizer isso. A grande maioria parte para outra atividade, fazendo investimentos no mercado imobiliário, no financeiro ou até em empresas iniciantes que necessitam de recursos para atingir um rápido crescimento, como as Startups, que precisam ser escaláveis. Mas essa atividade não é para aventureiros.

No momento em que se está à frente do próprio negócio, o melhor a fazer é torná-lo mais atrativo, para que os sócios se beneficiem cada vez mais da empresa. Isso requer crescimento e geração de resultados. Outra tarefa importante é fazer ecoar a atratividade para que os ouvidos aguçados de possíveis investidores detectem os sinais e, quem sabe, procurem a empresa para uma fusão ou aquisição. Esses processos são conhecidos, respectivamente, como *Merger and Acquisition* (M&A) e que requerem uma avaliação: *Valuation*[27].

No exemplo anterior, a empresa TOPP tinha o objetivo de melhorar a sua imagem. Vamos explorar um pouco mais esse assunto, chamando-o de atratividade e usando uma ferramenta que criamos: os "4M da atratividade" [28] (Figura 13).

Uma empresa que almeja ser bem vista no mercado precisa, pelo menos, ter suas ações bem equacionadas em quatro aspectos fundamentais:

- *Management*: capacidade dos dirigentes e gestores de tocar o negócio segundo uma visão sistêmica e estratégica de longo prazo;

[27] O processo de avaliação de empresas, ou *valuation*, antecede um processo de fusão ou aquisição – *merger & aquisition.*

[28] https://www.youtube.com/watch?v=C1uG12nDPpw

- *Mindset*: seu jeito de ser, sua idiossincrasia, que poderíamos resumir como a cultura da empresa. A capacidade de inovar e de gerir as pessoas reflete o processo cultural da empresa;
- *Marketing*: que se refere ao mercado e à imagem da empresa;
- *Money*: o capital da empresa, seus recursos, saúde financeira e a maximização de valor para alcançarem, ao final, a satisfação dos acionistas.

Figura 13 - Diagrama dos "4M"

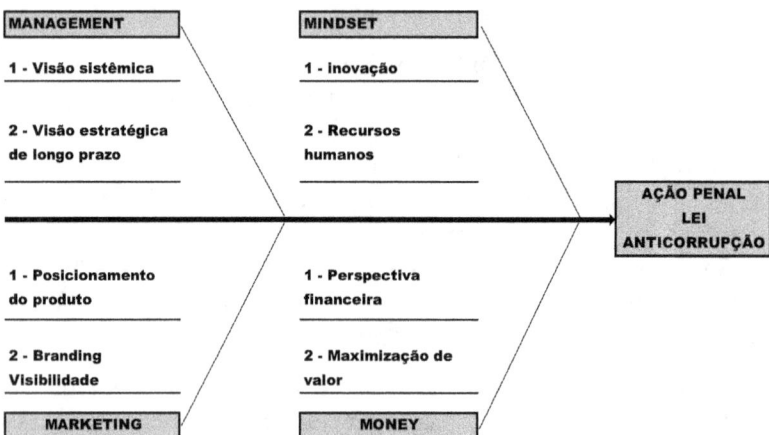

Cada um dos "4M" pode ser explorado além dos tópicos citados na Figura 13. Entendemos que todos são fundamentais para que uma empresa seja atrativa, o que não exclui outros, alguns óbvios, como o produto em si e sua qualidade, para citar apenas um deles. Atualmente, é inadmissível não ter qualidade, pois o mercado não aceita mais isso. Na década de 90, a qualidade era um tema em voga; hoje, ela é pré-requisito para que uma empresa se mantenha em atividade.

Qual a razão de querer ser atrativa? Os clientes estão atentos ao mercado e buscam fornecedores que se destacam. A recíproca é igualmente verdadeira. Alguns propõem parcerias com benefício mútuo, gerando uma sinergia que leva a empresa a se diferenciar em seu segmento de atuação, uma vez que aumenta a sua participação no mercado (*marketshare*). Isso, no entanto, não pode levá-la a uma zona de conforto, pois a concorrência irá reagir, sem que pese a nossa contrariedade. A vantagem da empresa se dá pela tomada da dianteira, uma vez que os frutos dessa iniciativa são primeiramente colhidos por ela.

Com destaque, citamos o *Management*. Se os dirigentes tiverem boa capacidade de gerir seu negócio, de compreenderem o ambiente interno e externo, de terem um planejamento estratégico ativo com clara visão de longo prazo, provavelmente as outras áreas terão um desempenho correspondente e satisfatório.

Muitas vezes, os empreendedores começaram suas empresas saindo do "zero", e com base em "suor e lágrimas" acumularam uma experiência insubstituível por qualquer formação acadêmica. Essa, no entanto, deveria ser um objetivo de todo empreendedor, que precisa manter-se atualizado para melhor administrar sua organização.

A dinâmica do mundo dos negócios pode ser cruel para os despreparados. Aquilo que funcionou bem por décadas pode não funcionar mais hoje. As oportunidades para estudar são abundantes. Hoje, é possível estudar à distância o que permite moldar o tempo de dedicação aos estudos segundo a disponibilidade de cada um. A profissionalização dos executivos é mandatória.

As ações do *Marketing*, no que concerne à divulgação da marca através de publicidade e entrevistas em revistas especializadas, patrocínio em congressos do segmento e participação em feiras nacionais e internacionais, levam a marca da empresa a outro patamar de atratividade. Os investidores passam a perceber a empresa que pode se tornar um alvo para fusões e aquisições. Convenhamos, o sonho de muito empreendedor é vender bem a sua empresa.

Mindset é a cultura da empresa. Ela advém do "dono" ou do presidente (CEO). O trato com as pessoas em geral, o respeito aos funcionários e a responsabilidade sistêmica, em termos gerais, não podem ser baixadas por decreto, por norma. Isso é construído ao longo dos anos. Como analogia, poderíamos dizer que é a forma pela qual um pai educa seu filho. Levam-se anos para moldar a personalidade da empresa, o seu jeito de ser. *Mindset* é como os outros percebem a empresa.

Todo fornecedor disputa clientes que pagam pontualmente e oferecem condições melhores, o que aumenta sua competitividade. Os bancos também estão sempre atrás de quem honra seus compromissos pontualmente, concedendo-lhes taxas menores, o que favorece também a empresa. Todos nós sabemos disso. O problema é: como alcançar tal patamar? A resposta é através do *Management*. É necessário ter um cuidado especial com a geração de caixa, com a margem, com a evolução e retorno do Patrimônio Líquido da empresa e com a lucratividade.

Os fluxos positivos do caixa representam a vida da empresa, o oxigênio que nutre as células dos músculos desse corpo e que o leva à longevidade. Sem isso, não se consegue pagar os compromissos em dia, tomando-se mais empréstimos. A consequência direta é a descapitalização e o pagamento cada vez maior de juros aos bancos, em vez de dividendos aos sócios. A isso chamamos de *Money*.

Porter[29], abordando a vantagem competitiva, ressalta que a atratividade vai além das razões sob a influência da própria empresa, mas a estratégia competitiva sim, esta tem o poder

de deixar a empresa mais ou menos atrativa. Esse autor trata das barreiras de entrada e saída com considerações importantes sobre a análise de rivalidade entre os concorrentes do mercado. Tomara que os "4M" possam contribuir para tornar o seu negócio mais atrativo do que já é.

Indústria de perfumes "Maxi-Aroma"

A Indústria de perfumes Maxi-Aroma vinha crescendo ao longo dos últimos anos, mas seu crescimento tinha sido muito irregular. Uma estrutura familiar detinha a maioria do capital (70% pertenciam à família Lins e 30% a um investidor). Trinta e cinco funcionários compunham o quadro de pessoal.

---

[29] PORTER, Michael E. **Competitive advantage**: creating and sustaining superior performance. New York: The Free Press, 1985.

O diretor-presidente havia criado a empresa com um sócio há 18 anos. Seus dois filhos e um genro vinham exercendo, respectivamente, as funções de gerente de produção, vendas e finanças, por mais de 10 anos. Sua linha de perfumes tinha produtos para todas as classes sociais e funcionava com venda direta, do tipo "porta a porta". A empresa não tinha pontos de venda. Do ponto de vista operacional, nenhum investimento significativo havia sido realizado em máquinas, equipamentos ou laboratórios nos últimos cinco anos.

Em 20X1, a empresa havia faturado $ 5.000.000,00. Em 20X2, experimentou um crescimento de 12% no volume de vendas. Já no ano de 20X3, houve uma diminuição de 7% em relação ao ano anterior. No ano de 20X4, as vendas apresentaram um crescimento de 6%. Em 20X5, diante da recessão econômica do país, a empresa ficou sem saber o que fazer. Os dirigentes foram aconselhados a buscar a ajuda de um amigo empresário que tinha um negócio de sucesso. Ele já havia vivenciado várias crises econômicas e situações semelhantes às da empresa de perfumes.

Iniciou-se um trabalho de diagnóstico sobre a Maxi-Aroma para, a partir daí, construir um planejamento estratégico. No primeiro momento, perceberam que jamais haviam adotado esse recurso de gestão. A razão era simples: na empresa não havia conhecimento de como usar tal ferramenta.

Em um momento anterior, quando haviam assinado um acordo de intenções de venda da empresa para uma grande organização, a primeira pergunta feita foi: A Maxi-Aroma tem um planejamento estratégico? Que vexame, não tinham o solicitado. A administração da empresa era rudimentar. O mundo corporativo não toma decisões estratégicas sem um exaustivo planejamento.

É obrigação saber o que se almeja ser no futuro, como fazer para chegar lá e como acompanhar e avaliar o desempenho das áreas, a fim de corrigir os rumos para que o grande objetivo da empresa possa ser alcançado. A atribuição do planejamento estratégico é da alta cúpula de qualquer organização, seja ela o barzinho da esquina, uma grande empresa, uma instituição complexa, como um banco, uma Universidade ou o governo de uma cidade ou país.

PLANEJAMENTO ESTRATÉGICO

Sempre que planejamos alguma coisa é por que queremos, em um ponto futuro, alcançar algo que não temos hoje. Porém, alguns querem apenas manter o que têm atualmente. É desestimulante ver esse pensamento de estagnação e conformismo em alguns empresários que, na verdade, não deveriam nem ser chamados assim. Quem empreende quer ver seu negócio prosperar sempre. Bem, isso é que o se chama de Visão. Os autores Prahalad e Hamel[30] comentam que o sucesso de uma empresa está conectado a uma visão articulada com as oportunidades e desafios que aparecerão no caminho. Quem escreve uma visão, sabe o desafio que ela representa. Esses mesmos autores criticam as visões grandiosas que servem mais para alimentar os egos dos seus criadores do que para nortear a caminhada da empresa.

O Planejamento Estratégico, tão difundido no mundo corporativo, segue muito a corrente defendida por Michael E. Porter[31]. Essa corrente tem seu contraponto em outros autores, como Mintzberg, Ahlstrand e Lampel (2010)[32], que defendem que não há como planejar algo que não pode ser previsto. Alia-se a esse pensamento, o escritor e pensador Taleb (2016) [33]. Para ele, a surpresa de um "cisne negro" pode acontecer na vida de uma empresa, mas jamais se pode prever seu aparecimento. Por essa razão, ele prega a total incapacidade de se prever o futuro.

É de fundamental importância o confronto de ideias opostas. Isso gera um debate rico em argumentação, pois exige uma reflexão ainda maior. Opto pela escola Porteriana, pois parece

[30] PRAHALAD, C.K., HAMEL, Gary. **Competindo pelo Futuro**: estratégias inovadoras para obter o controle do seu setor e criar os mercados de amanhã. 2005.

[31] PORTER, Michael E. **Estratégia Competitiva**: técnica para análise de indústrias e concorrência. 2004.

[32] MINTZBERG, Henry; AHLSTRAND, Bruce; LAMPEL, Joseph. **Safári de Estratégia**. 2010.

[33]TALEB, Nassim Nicholas. **A lógica do Cisne Negro**: impacto do altamente improvável. 2016.

menos abstrata e mais racional, além de que um planejamento estratégico é uma ferramenta que aborda diferentes análises, como a do ambiente interno e da concorrência. O planejamento estratégico é facilmente aplicável e, por isso mesmo, é ampla e globalmente adotado pelas empresas.

De todo modo, vale aqui uma sugestão para os principais executivos: leiam muito, desde os clássicos obrigatórios até os novos autores.

CANVAS

O maior benefício proporcionado pela árdua tarefa de elaborar um planejamento estratégico para médio ou longo prazo (geralmente de 3 a 10 anos) é reunir-se com seus pares e equipe para discutir a fundo o negócio. Isso gera um verdadeiro raio-X da organização, ou melhor, numa ressonância magnética.

No meu trabalho, quando sou contratado para ser facilitador na elaboração de algum Planejamento Estratégico, costumo começar com um "Canvas" que, segundo seus criadores, Osterwalder e Pigneur[34], é um modelo de geração de negócios (*Business Model Generation*). Essa é uma das últimas ferramentas criadas no mundo dos negócios. Em uma simples folha de papel, é possível entender o funcionamento de uma empresa, não importa de que tamanho ela seja. Não se trata de números, nem de valores monetários, apenas de conceitos.

Para decifrar o modelo de negócio do cliente, é recomendável que se junte a diretoria e os principais gerentes e se distribua folhas de *postit™*[35] à vontade. Em um *brainstorming*, todos terão que responder a nove perguntas. As respostas devem ser as mais objetivas possíveis. De preferência, curtíssimas. As questões de 1 a 5 dizem respeito à geração de valor, e as demais, à eficiência. As perguntas são:

1. Quais os segmentos de clientes atendidos pela empresa?
2. Qual a proposta de valor a ser percebida pelo cliente?
3. Quais os canais usados para a entrega ao cliente?
4. Como a empresa se relaciona com os clientes?
5. Quais são as fontes de receita (não os valores)?
6. Quais os principais recursos que a empresa necessita para sua atividade?
7. Quais as atividades-chave?

---

[34] OSTERWALDER, Alexandre; PIGNEUR, Yves. **Business Model Generation**: inovação em modelos de negócios. 2011.

---

[35] *Postit* é marca da empresa 3M. Disponível em: https://www.3m.com.pt/3M/pt_PT/post-it-notes/

8. Quem são as principais parcerias desse negócio?
9. Qual é a estrutura de custo?

O exemplo a seguir (Quadro 5) é de uma microempresa que organiza eventos e decoração de festas para adultos e crianças, basicamente em sua localidade. Não precisamos mais de 30 minutos para entender seu modelo de negócio.

Quadro 5 - Canvas da "Festas e Eventos"

CANVAS da "FESTAS E EVENTOS"				
8. PARCERIAS PRINCIPAIS Salão; Fornecedores de plantas; som; alimentação; mobília e segurança	**7. ATIVIDADES-CHAVE** Organização e Realização de eventos	**2. PROPOSTA DE VALOR** Atendimento personalizado; Transparência na prestação de contas e orçamentos	**4. RELACIONAMENTOS COM CLIENTES** Telefone; Pessoalmente; E-mail; Site	**1. SEGMENTOS DE CLIENTES** Público Empresarial e infantil.
	6. RECURSOS PRINCIPAIS Salão; Materiais		**3. CANAIS** Site; Facebook; Folders; Anúncios em jornais e revistas; e-mail	
9. ESTRUTURA DE CUSTO Flores; Materiais de terceiros		**5. FONTES DE RECEITA** Decoração; Organização de eventos; Salão		

Adaptado pelo autor - Fonte: Business Model Generation - Osterwalder e Pigneur

Assim, o atual negócio do cliente pode ser entendido conceitualmente. Em seguida, é preciso saber como eles enxergam seu negócio daqui a cinco anos. Estará tudo igual? Será que o e-mail ainda será usado? E os jornais e revistas? Estão confortáveis e satisfeitos com o tamanho atual da firma ou pensam em crescer? A empresa gera rentabilidade suficiente para bancar o crescimento ou vão precisar de novos sócios?

Se a resposta for que pretendem manter o negócio do tamanho e forma que está, sinto informar que isso não dará certo. Sabem por quê? Fácil: seu concorrente desejará crescer, seu cliente corporativo (aquele que costuma contratar eventos) também, e sua estrutura será insuficiente para acompanhar a "onda" do aumento da demanda ao longo do tempo.

Dessa forma, a empresa vai perder espaço para o concorrente e abrir mão de seus clientes por sua própria escolha. Em suma, a vontade do empreendedor pode não importar tanto para manter negócio, mas o poder de acabar com ele não pertence a mais ninguém. Ele pode crescer ou desaparecer, isso em nada altera o mercado.

MATRIZ "SWOT"

Uma das mais empregadas e úteis ferramentas para qualquer empreendedor, empresário, CEO ou profissional é a "Matriz SWOT". Mesmo em nossa vida pessoal é bom e facílimo fazer esse tipo de análise. Os psicólogos a empregam, não com esse nome.

De acordo com Ghemawat (2006)[36], SWOT é um acrônimo das palavras *"strenghts, weaknesses, opportunities, threats"* que traduzidas para o português significam forças, fraquezas, oportunidades e ameaças, respectivamente. Detesto a versão brasileira do acrônimo, a FOFA. Não combina nada com gestão, dizer que vamos fazer a FOFA hoje.

A matriz SWOT pode ser dividida em dois lados: o esquerdo (forças e fraquezas), que representa os aspectos internos e depende somente da própria empresa, e o lado direito (oportunidades e ameaças), que representa o componente macro e não sofre interferência direta da empresa.

A atividade de *brainstorming* para levantar os pontos fortes e fracos deve ser feita com várias pessoas da organização, principalmente diretores, gerentes e supervisores. Talvez esses saibam mais sobre os pontos fortes e fracos da empresa do que seu proprietário. No momento de levantar as oportunidades e ameaças, deve-se envolver a alta gerência, o pessoal dos suprimentos e do comercial. Todos são de alta importância para o êxito do exercício. O facilitador do *brainstorming* deverá permitir que muitas ideias sejam apresentadas. Depois, apenas as mais relevantes devem ser selecionadas.

O exemplo a seguir (Quadro 6) sintetiza, para efeitos apenas ilustrativos, os pontos levantados. O correto não é ser sintético dessa forma. Todo negócio tem vários pontos fortes e fracos dentro de seu ambiente interno e várias oportunidades e ameaças no ambiente externo, as quais podem influenciar o negócio.

---

[36] GHEMAWAT, Pankaj. Strategy and the Business Landscape. 2006.

Quadro 6 - Matriz SWOT

AMBIENTE INTERNO	AMBIENTE EXTERNO
Forças	**Oportunidades**
Equipe de vendas no mercado brasileiro; Variedade de produtos	Estabilidade da economia; Acordo comercial do Mercosul com a Europa
Fraquezas	**Ameaças**
Marca com pouca expressão internacional; Baixa renovação do parque fabril	Instabilidade política nacional; Aumento da agressividade comercial das empresas indianas

A SWOT pode ser usada para pessoas também. Quando um jovem começa a refletir sobre a carreira que pretende adotar, ele se imagina exercendo alguma atividade. Se o sonho é ser um médico, ele vai pesar o que acredita serem seus pontos fortes e fracos. Mais adiante, levará em consideração onde há excesso e carência de profissionais atuando. Um exercício prático dessa ferramenta, provavelmente ignorada pelo estudante, é bastante recomendado.

Lembro-me da conversa que tive com a jovem gerente da minha conta bancária. Espero que este caso sirva como estímulo para muitos empresários e executivos darem um *"up"* em sua carreira:

A jovem estava na metade do curso de graduação de Administração de Empresas, meio perdida sobre o que fazer da vida. Perguntei se ela tinha aspiração de seguir naquela instituição e se sonhava progredir dentro dela. Respondeu sim, para ambas. Na conversa, levantamos seus pontos fortes e fracos. As oportunidades aconteceriam, mas não com muita frequência. Então, ela deveria estar preparada para agarrar uma chance quando ela surgisse. E a concorrência, perguntei? Ficou claro para ela que só naquela agência havia outros cinco ou seis postulantes a um cargo de gerente da agência quando essa rara oportunidade surgisse. Essa oportunidade poderia ocorrer em outra praça também. A "concorrência" interna era grande e ainda tinha a externa para piorar.

As oportunidades e ameaças independem de sua vontade ou capacidade para mudar, ao contrário de suas fraquezas e fortalezas, que dependem somente de você. Que bom, eu disse, você já sabe o que quer, mas precisará se qualificar e isso vai levar uns quatro anos. Explico: todos os gerentes desse banco são graduados e a grande maioria tem alguma especialização. Você terá que graduar-se dentro de dois anos e ainda fazer uma pós em finanças, relações humanas ou alguma outra coisa relacionada à sua atividade. Concluindo, a visão de longo prazo era assumir uma gerência (crescimento profissional) em até cinco anos e a estratégia a ser adotada era a da qualificação (graduação e pós). Passaram-se três anos e ela está graduada. Pensa em fazer a pós. Quem sabe?

Esse exemplo simples e real ilustra bem a necessidade de formulação de uma estratégia competitiva. De acordo com Porter (2004)[37], fins (metas) e meios (políticas) se somam para se chegar aonde se deseja, o grande objetivo. Se traçar uma estratégia competitiva é algo tão simples, por que tão poucos empresários o fazem?

A seguir, vamos apresentar mais uma ferramenta de Porter (1985)[38] que é abordada por todo autor que escreve sobre estratégia. É mandatório conhecer e saber aplicá-la.

Embalagens Sirius

Em um trabalho junto a um fabricante de embalagens de papel do Rio Grande do Sul, estávamos ainda na fase inicial de seu primeiro planejamento estratégico. Já tínhamos feito a SWOT e agora iríamos pensar um pouco a respeito de como aquela indústria se relacionava com seu meio ambiente.

Desafiei o grupo de diretores e gerentes a me contarem como viam seu mercado, sob a ótica da intensidade da competição. De acordo com suas impressões, havia uma severa concorrência de

---

[37] PORTER, Michael E. **Estratégia competitiva**: técnica para análise de indústrias e concorrência. 2004.

---

[38] PORTER, Michael E. **Competitive advantage**: creating and sustaining superior performance. 1985.

fabricantes no estado e também em outras regiões do país. Outro problema era a escala: pelos menos três concorrentes do estado tinham uma produção cerca de dez vezes maior. Isso revelava um ponto fraco que a empresa tinha na hora de negociar matéria-prima com seu fornecedor que fazia com que pagasse preços superiores aos pagos pela concorrência. É uma questão de escala.

Sobre os clientes, revelaram que seus dois maiores compradores representavam cerca de 60% de sua venda. Esses clientes valiam-se disso na hora de negociar os preços de um pedido.

Voltando à concorrência, indaguei sobre a possibilidade de algum fabricante de outra região entrar na "guerra" local estabelecida no estado. Vi que essa ideia era um pesadelo para eles, pois havia concorrentes de fora plenamente capazes de fazer o investimento em uma planta local e abocanhar parte do seu mercado.

Outro ponto que eu precisava jogar à mesa para discussão era a possibilidade de que alguma empresa pudesse ofertar ao mercado produtos alternativos aos que eles produziam. Eles já tinham conhecimento de que um cliente havia se decidido a usar o plástico no lugar do papel. Lembrei-me do caso do leite, cujas embalagens em caixinhas, *Tetrapak*™, substituíram os saquinhos de plástico, que já haviam substituído as garrafas de vidro. Esse mesmo tipo de risco se tornou um real pesadelo para os fabricantes de saquinhos plásticos para leite na época.

Esse exercício é consagrado no mundo dos negócios como as "cinco forças" destacadas por Porter (2004)[39], no qual a concorrência da indústria é abordada (Figura 14). No centro da análise é avaliada a rivalidade entre as empresas que já existem; depois o poder de barganha dos clientes e o poder de negociação dos fornecedores; a possibilidade de novos entrantes na concorrência e a de algum produto substituto completam as cinco forças.

Figura 14 - A Concorrência – As "5 Forças de Porter"

---

[39] PORTER, Michael E. **Estratégia competitiva**: técnica para análise de indústrias e concorrência. 2004.

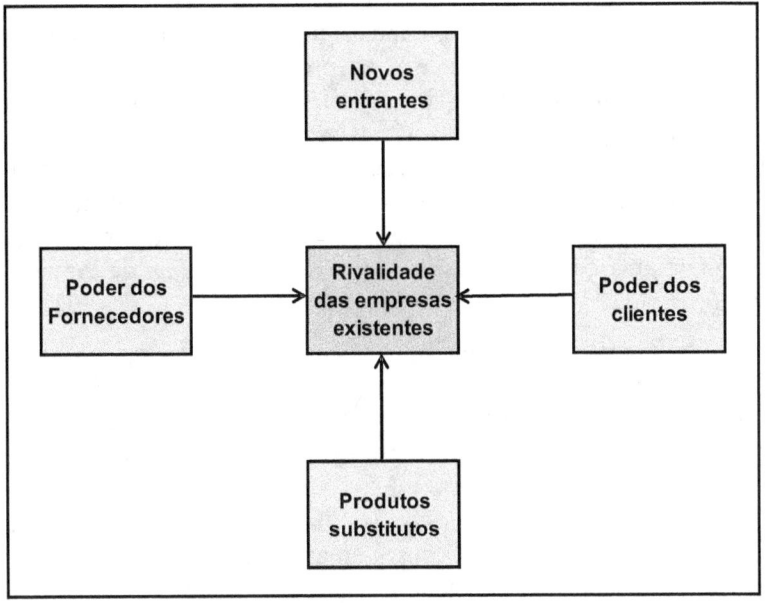

A discussão gerou uma pergunta crucial: a empresa teria alguma chance de sobreviver no longo prazo, se ela não mudasse? Todos disseram temer pelo pior, ainda mais agora que estava tudo mais claro ou, sendo perverso, mais nebuloso.

Se a empresa não mudasse, iria colher sempre os mesmos resultados até que alguma das cinco forças a destruísse. Não podíamos deixar isso acontecer. A estratégia genérica da Sirius seria concorrer no baixo preço ou vender especialidades? Pela descrição feita por eles percebe-se que competiam com os grandes, que tinham muita escala mesmo pagando mais caro pela matéria-prima do fornecedor. Seus dois maiores clientes eram muito grandes e eram cobiçados por toda a concorrência. Além do mais, valiam-se disso para obter vantagens na compra. Pobre Sirius!

A empresa não tinha um departamento de pesquisa e desenvolvimento (P&D) capaz de criar novidades para que ela largasse na dianteira da concorrência, possibilitando margens mais altas enquanto o novo produto fosse exclusivo.

O ciclo de vida de um produto varia de acordo com o tipo de atividade. Um modelo de celular tem vida curtíssima, assim como calçados de moda, que duram apenas uma temporada. Contudo, no segmento que o cliente atuava, os produtos tendiam a ser mais longevos. Como poderiam fazer para migrar para uma estratégia genérica de diferenciação? Uma saída vislumbrada foi fazer parcerias com algumas instituições como laboratórios de testes de propriedades físico-mecânicas, por exemplo. Provavelmente iriam precisar de uma carga extra de recursos para investimentos em designers, marketing, máquinas e uma demanda maior de capital de giro.

Desenhava-se agora um beco sem saída para a empresa Sirius. A solução que sugerimos ainda está sendo digerida pelos proprietários e não tenho convicção de que sairá do papel: associar-se a duas ou mais empresas de porte similar, criando uma empresa robusta. As vantagens seriam muitas, como o ganho de escala com redução proporcional do gasto fixo da empresa, maior poder de barganha junto aos fornecedores, maior importância diante dos clientes e margem de ganho superior. A maior capacidade financeira sustentaria a estratégia de concentrar-se na criação de valor, como salientado por Kluyver e Pearce II (2010).

A decisão do empresário não deveria ser surpresa. Nessa hora, o que pesa na cabeça do proprietário é a perda do poder e do cabide de empregos da família. Pior ainda: se o novo empreendimento tivesse que escolher um só diretor, será que ele seria o escolhido?

Esse conflito de interesses teria uma solução para os proprietários das empresas que viessem a se associar: criar um conselho de administração onde cada um teria uma cadeira (uma por empresa apenas). Os melhores profissionais disponíveis nos seus quadros seriam selecionados para executar a gestão do novo negócio. Aos demais, a busca por novos desafios. Que frase surrada!

Resumindo: É melhor ter 1/3 de um bom negócio do que 3/3 de nada.

Painel de bordo (*cockpit*)

Para o dono de uma empresa ou seus executivos não há nada melhor do que conseguir visualizar facilmente o andamento dos objetivos traçados. Verificar se as metas dos indicadores estão sendo atingidas sem precisar ler extensos relatórios pode ser um sonho para muitos.

O tempo é sempre escasso na gestão, portanto, a objetividade é imperiosa. Um painel de bordo (*cockpit ou dashboard*) é uma das ferramentas que ajudam a dirimir o problema. Há sistemas no mercado - ERP[40] - e alguns aplicativos para celulares e computadores - BI[41] - que possuem esses recursos de indubitável utilidade e de fácil visualização. Porém, não costumam ser baratos.

Construir o próprio *dashboard* a partir do sistema de planilhas Excel™ (produto da Microsoft) é uma alternativa que não possui custo algum. Não é a mesma coisa, mas é bem melhor do que não ter nada.

Uma boa técnica para facilitar a visão rápida dos resultados de um plano de ação ou de uma pesquisa de dados em um período é reunir gráficos e figuras numa folha só, como um painel de bordo ou o *cockpit* de um carro (Figura 15). É necessário usar cores distintas mantendo o cuidado de não abusar delas a fim de que o todo não fique poluído visualmente. Um *dashboard* precisa comunicar bem a sua função, preservar uma estrutura "limpa" e transmitir alguma *finesse*.

O exemplo a seguir possui seis indicadores com suas metas. Visualizamos o desempenho em relação ao mesmo período do ano anterior e o acumulado no ano até o mês atual. Os sentidos das setas indicam se os percentuais aumentaram ou diminuíram. A cor vermelha mostra que a meta não foi atingida e a verde, que foi.

---

[40] *Enterprise Resource Planning* ou ERP são amplos sistemas de informática usados nas empresas. Sevem para a gestão de vendas, de faturamento, da contabilidade, de finanças e de outras áreas.

---

[41] *Business Intelligence* ou BI vem de inteligência dos negócios. Um aplicativo para celular que mostra o desempenho *on line* das vendas, com gráficos e tabelas, é uma das ferramentas de BI mais usadas hoje.

Alguns indicadores podem ser incorporados no *cockpit* em forma de velocímetro.

Figura 15 - Dashboard – Painel de Bordo – Cockpit

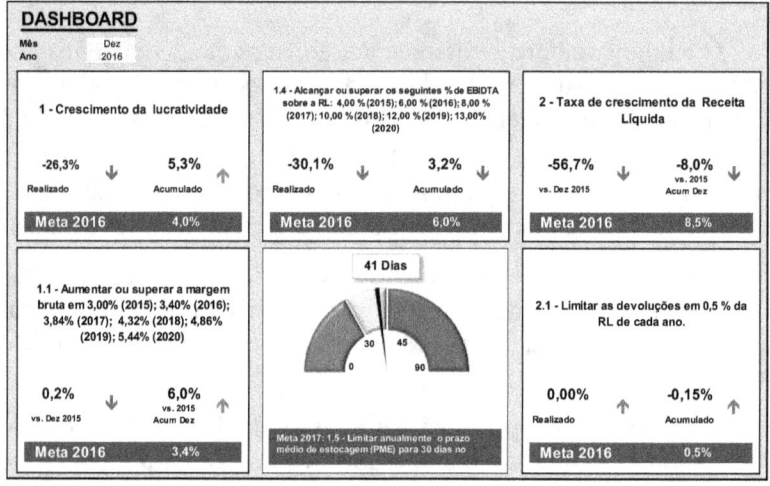

Capítulo 3
FINANÇAS

FLUXO DE CAIXA

Este livro não é, nem pretende ser, um manual sobre finanças ou sobre outra coisa qualquer. Ele apenas reúne várias das principais ferramentas de gestão e suas técnicas com o intuito de que elas possam ser usadas sem estresse. O gestor de qualquer nível hierárquico precisa entender a empresa como um ser vivo financeiro. Por isso, é necessário conhecer o impacto financeiro de tudo que se faz.

Se uma empresa tiver muito retrabalho, não é esse indicador em si que prejudica a empresa, mas o quanto de recursos ($) é perdido. O indicador servirá apenas para monitorar a questão. Os gestores devem estar conscientes de que quando ocorre uma falha e um retrabalho, isso equivale a alguém sentado no fim da linha de produção rasgando cédulas de dinheiro da empresa.

Quando o comprador conseguir alongar os prazos de pagamento junto aos seus fornecedores, não é por um indicador ter sido alcançado que ele deve vibrar, mas por entender que demorará mais tempo para que o caixa da empresa seja transferido para o fornecedor. O vendedor, quando aceita alongar o prazo de pagamento dos clientes, na verdade, está retirando caixa da sua empresa. Isso deve ser entendido e mensurado. O vendedor tem que lutar pelo contrário. Existem ferramentas de análise de finanças que mostram como os prazos médios de pagamentos, recebimentos e estocagem, além dos ciclos financeiro e operacional acontecem dentro das empresas.

Não existe negócio sem fontes de recursos, que podem ter sua origem no bolso do proprietário, em algum banco, nos acionistas e, não menos importante, nos fornecedores. Até o governo contribui para financiar as atividades das empresas, pois os impostos, em sua maioria, não são cobrados à vista. Porém, muitos dirão: é, mas temos que pagar os impostos antes de recebermos dos clientes. Isso é uma verdade irrefutável sempre que sua empresa vender a prazo. Já deu para perceber o outro lado da questão, que é o tempo que levamos para receber por aquilo que entregamos como produtos ou serviços. O dinheiro vai trocando de mãos. O mais importante, o grande segredo, é fazê-lo ficar mais tempo em nossas mãos. Como fazer isso? Esse é o grande desafio de qualquer empresa.

Dessa forma, introduzimos a ideia de fluxo de caixa. Ele será maior sempre que tivermos mais tempo para pagar nossas contas e menos tempo para receber o que temos por direito. Aqui, estamos tratando de gestão por caixa e não por competência. A gestão por caixa é feita pela real entrada e saída de valores, enquanto que a de competência, usada no balanço patrimonial e na demonstração do resultado do exercício, é regida pela competência, ou seja, pela data de lançamento do fato gerador. Nessa modalidade, se registra a data da ocorrência dos eventos, mas não o tempo certo das entradas e saídas dos valores relativos a eles.

As entradas, principalmente, são sempre duvidosas. Não podemos garantir que o cliente vai nos pagar ou quando vai. Na contabilidade, lançamos na conta de clientes (recebíveis) o valor vendido a prazo e, no demonstrativo de resultados, esses valores constam na receita. Pode acontecer desse dinheiro nunca entrar no caixa de nossa empresa, como em casos de falência do cliente. Nesse caso, teria que ser feita uma reversão dos lançamentos contábeis, pois não houve entrada ou saída de dinheiro. Conclusão: receita não é caixa.

Se quisermos estimar se em determinado dia ou período teremos caixa suficiente para saldar os compromissos, teremos que fazer uso do "fluxo de caixa". Essa ferramenta da gestão financeira irá informar se teremos condições de quitar a folha de pagamentos no final do mês ou se teremos que buscar recursos de terceiros, como os de bancos ou, pior ainda, recursos dos proprietários.

O caixa é o que há de mais importante em uma empresa. Ele é o sangue que flui por suas artérias levando oxigênio às suas células. Se o caixa faltar, a empresa morre. Assim, a sobrevivência de toda organização depende da sua capacidade de geração de caixa. Nossa boa ou má gestão produzirá impactos diretos no fluxo de caixa. Tudo o que fazemos dentro de uma empresa, tudo mesmo, repercute em seu caixa, direta ou indiretamente.

O controle do fluxo de caixa estimado pode ser diário, partindo do saldo do dia anterior e reunindo as entradas esperadas e os pagamentos previstos para cada data. No final de cada dia, se terá o caixa projetado.

Estendendo a técnica para o mês todo, a informação gerada passa a produzir conhecimento prático para a área de finanças, que poderá orientar a área de compras sobre a época do mês que não deverá ter obrigações a pagar, a fim de não coincidir com as datas de recolhimento dos impostos e da folha de pagamentos. Isso é chamado de gestão por caixa.

Na planilha abaixo (Tabela 4), vamos exemplificar da forma mais simples possível. Neste exemplo, o gestor financeiro já ficaria alerta para a necessidade de captar recursos para arcar com os compromissos do dia 4.

Tabela 4 - Exemplo de Fluxo de Caixa

Fluxo de caixa de outubro de 20XX					
Evento	Dia 1	Dia 2	Dia 3	Dia 4	Dia 5
Saldo anterior	2.500	2.000	1.500	1.200	-300
Entradas	1.000	0	500	0	900
Saídas	1.500	500	800	1.500	400
Saldo final do dia	2.000	1.500	1.200	-300	200

BALANÇO PATRIMONIAL

Este relatório apresenta as origens e as aplicações dos recursos de uma empresa em um determinado momento, por exemplo, no encerramento do exercício de um ano. Naquele instante, as contas eram as apresentadas no balanço patrimonial. No dia seguinte, muitas contas mudam, por isso, toda empresa deve disponibilizar esse relatório para a direção o mais brevemente possível. O ideal é tê-lo no primeiro dia após o encerramento do mês, mas, na prática, não é tão simples assim. No entanto, ter acesso a ele nos primeiros dias do mês deveria ser obrigatório.

Se a contabilidade entregar o balancete de um mês, trinta dias após o seu encerramento, para que ele irá servir? Como um executivo pode tomar alguma decisão, olhando as notícias de um jornal publicado trinta dias antes? Quem gosta e precisa disso deveria ser estudante de história, jamais um gestor. Essencialmente, o Balanço Patrimonial exerce uma função regulatória com o fisco. Mas, do ponto de vista da gestão, ele pode ser de muita utilidade, se entregue o mais próximo possível da tomada da "foto".

Toda a alta direção de uma empresa deve dominar os conceitos desses relatórios financeiros. Vamos explicar como é construída a ideia de um balanço patrimonial (BP). Todo BP apresenta no seu lado direito as contas das origens do capital e, no seu lado esquerdo, aonde esse capital foi empregado, as ditas aplicações.

Como uma empresa consegue capital para iniciar suas atividades? Ela começa com o capital dos próprios sócios. O registro desses aportes se dá na grande conta chamada Patrimônio Líquido (PL). Mas essa fonte pode não ser suficiente para a necessidade de capital da empresa. Quando isso ocorre, ela busca recursos com terceiros, como os bancos. Quando se toma um empréstimo, o banco é um provedor de recursos. Se a obrigação de pagar o banco ocorrer em curto prazo, o grupo desse registro se chama Passivo Circulante (PC) e, se o prazo for superior a um ano do encerramento do presente exercício, ele vai para o grupo chamado de Passivo Não Circulante (PNC). Ambos são obrigações da empresa para com terceiros, enquanto que o PL é a obrigação para com os sócios. Essas três contas (PC, PNC e PL) ficam no lado direito do BP e compõem o Passivo Total da empresa. Juntas, elas representam as obrigações para com o capital próprio ou de terceiros.

No lado esquerdo, ficam registrados onde estão alocados os recursos tomados dos provedores de capital. Também se diz que o lado esquerdo do BP representa os bens e direitos da empresa. Nele, figuram os bens e direitos realizáveis em curto prazo, no caso do Ativo Circulante (AC), e de longo prazo, no casa do Ativo Não Circulante (ANC). A soma do AC e ANC, ou seja, todo o lado esquerdo do BP é chamado de Ativo Total da empresa.

Para simplificar o entendimento, podemos dizer que sempre que tomamos um recurso (passivo) ele vai ter uma aplicação (ativo). Se pegarmos dinheiro do banco para comprar insumos, o capital tomado vai gerar estoque e será de igual valor ao devido ao banco. Assim, os valores do Ativo Total e do Passivo Total devem ser exatamente iguais.

Para elucidar, segue um modelo muito simplificado de um BP (Tabela 5). Como dissemos antes, o Ativo Total deve ser igual ao Passivo Total. Vemos no lado direito a origem do capital, tanto de terceiros (PC e PNC) como dos próprietários (PL).

Alguém poderia se perguntar como os salários poderiam ser uma fonte de recursos. Acontece que o funcionário presta o serviço e depois cobra por ele, geralmente na quinzena e no final do mês. Então, sim, o funcionário também financia a empresa.

No BP deste exemplo, o capital de terceiros totaliza $ 20.000 e o capital próprio $ 30.000. A soma resulta no Passivo Total de $ 50.000. Do capital de terceiros, $ 15.500 é a dívida de longo prazo que deve ser paga. No lado do Ativo, vemos que a maior parte das aplicações do capital da empresa está no ANC, que representa os bens e direitos realizáveis em longo prazo. Esse valor é igual a $ 43.000.

Este BP representou a foto tomada no encerramento do dia 31/12/20XX. No dia seguinte, essas contas podem mudar. Em uma semana mudam razoavelmente e em um mês mudam bastante. Então pergunto: de que adianta a contabilidade entregar o BP trinta dias após a data do encerramento do mês? Dispensem o diretor administrativo-financeiro e o contador se o tempo for superior a esse, pois isso não tem nenhuma eficácia. Basear-se em uma foto velha para mudar algo, rapidamente, não é uma boa prática de gestão.

Tabela 5 - Balanço Patrimonial 31-12-20XX – Em ($ x 1000)

Balanço Patrimonial 31/12/20XX em k$			
Ativo Circulante	**7.000**	**Passivo circulante**	**4.500**
Caixa	100	Salários	2.500
Bancos	1.500	Empréstimos bancários	2.000
Clientes	4.500		
Estoques	900		
Ativo não circulante	**43.000**	**Passivo não circulante**	**15.500**
Imobilizado	43.000	Financiamento de máquinas	15.500
Veículos	8.000		
Máquinas	20.000	**Patrimônio líquido**	**30.000**
Prédios	15.000	Capital social	30.000
Ativo total	**50.000**	**Passivo total**	**50.000**

DEMONSTRATIVO DE RESULTADO DO EXERCÍCIO (DRE)

No Balanço Patrimonial, temos a fotografia de um determinado instante, mas, no DRE, temos um filme que revela a situação desde o início do ano. Esse relatório trata das receitas (regime de competência e não de caixa), dos custos, das despesas e do lucro ou prejuízo do período. Nele, as contas estão acumuladas. Assim, se tirarmos um DRE de 31/10/20XX, essas contas trarão os valores acumulados em todo o ano, até a data do relatório.

Tenho me deparado com uma dúvida frequente dentro das organizações: distinção entre custos e despesas. Os dois juntos formam o que é definido como gastos (custos + despesas). Na indústria, para representar os custos, o termo usado é Custo dos Produtos Vendidos (CPV), no comércio é Custo das mercadorias Vendidas (CMV) e nos serviços é Custo dos Serviços Prestados (CSP). Esses custos só ocorrem se houver produção, comercialização ou serviço realizado, respectivamente.

Dentre outros, um CPV tem gastos com matéria-prima, com energia elétrica e mão de obra para produzir determinado produto. Um comércio terá, predominantemente, o custo da mercadoria revendida no seu CMV. Já o CSP terá os gastos relativos ao serviço gerado.

As despesas ditas operacionais são agrupadas em administrativas, de vendas, tributárias, financeiras e gerais. A maioria das despesas fixas, aquelas que a empresa tem mesmo que não venda nada, são registradas nas despesas administrativas. Como exemplo, temos os salários, os pró-labores dos diretores, as despesas do escritório e muitas outras. Nas despesas de vendas registram-se as comissões dos vendedores, gastos com publicidade, despesas comerciais, de viagens e de feiras. As despesas tributárias reúnem os gastos com tributos e taxas que são da atividade da empresa, mas que não dependem do faturamento da mesma, como o caso de impostos sobre os bens imóveis (IPTU) ou sobre veículos (IPVA). As despesas financeiras compõem o resultado da soma das receitas (+) e despesas (-). Geralmente ficam com sinal negativo, significando que a empresa teve mais despesas do que receitas financeiras no período. Os juros de empréstimos bancários são exemplos de despesas financeiras, enquanto que juros recebidos de aplicações financeiras de sobras momentâneas de caixa são receitas financeiras. Existem empresas em que essas receitas superam as despesas, gerando uma conta despesas financeiras com sinal positivo que é o valor líquido da conta.

A prática mais comum é registrar as despesas/receitas financeiras separadas, imediatamente após as despesas operacionais.

A Receita Bruta, que geralmente nem é divulgada pelas empresas, engloba o faturamento (vendas com impostos). Para se chegar à Receita Líquida (RL) há que se deduzir os impostos sobre as vendas, as devoluções e eventuais abatimentos. É um desafio conseguir convencer muitos empresários de que o que importa é a Receita Líquida e não o faturamento. Obviamente, um faturamento alto tende a ter uma RL alta também. Mas, vejamos o seguinte: uma empresa diz faturar $ 100 milhões por ano, vendendo apenas para o mercado externo. Sabemos que as exportações não geram impostos sobre essa venda. Se a empresa não tiver problemas com devoluções de exportações, sua Receita Bruta será praticamente igual à Receita Líquida, ou seja, $ 100 milhões. Outra empresa, que vende no mercado interno apenas, também tem vendas anuais de $ 100 milhões. Contudo, paga vários impostos sobre esse faturamento. Suponhamos que a Receita Líquida dela seja de $ 75 milhões. É fácil perceber a diferença.

Vendas interestaduais geram tributação diferente, assim como o regime de opção por tributação do lucro, se lucro real, presumido ou pelo simples. A complexidade tributária brasileira não pode ser compreendida por estrangeiros. Aliás, tampouco o é pelos próprios empresários brasileiros. Isso é algo que tira a competitividade de nossas empresas, geram gastos e perda de tempo que nada agregam à riqueza nacional. A burocracia excessiva penaliza a todos absurdamente.

Quando deduzimos os Custos da Receita Líquida, chegamos ao Lucro Bruto. Quando retiramos deste todas as Despesas Operacionais, temos o Lucro Operacional. Depois de deduzirmos os impostos sobre o Lucro Operacional, temos o Lucro Líquido do período. Esse pertence aos sócios (acionistas). Parte dele pode ser revertida em dividendos e outra parte fica na empresa, a critério da decisão de seus acionistas e obedecendo as normas regulatórias para o caso.

Importante ressaltar que ter lucro não significa ter dinheiro em caixa. O relatório que determina o resultado da empresa, o DRE, é produzido pelo regime de competência. Ter receita não significa, obrigatoriamente, ter entrada no caixa e, quase sempre, quando há a geração de receita, o que ocorre quando se emite uma nota fiscal, é dado um prazo para o cliente pagar. A receita e a entrada do respectivo valor ocorrem em tempos distintos. Assim, o lucro gerado pode ser explicado pelo alto estoque, por ter valores a receber de clientes ou por outros ativos e não, obrigatoriamente, por caixa disponível. Essa é uma das razões para não distribuir todo o lucro.

Segue um exemplo fictício de uma indústria (Tabela 6) para ajudar na assimilação dos conceitos das contas que compõem um DRE. Aqui, se optou por colocar ao lado esquerdo o ano mais antigo (técnica gerencial opcional).

Tabela 6 - DRE 31-1-2-20XX – ($ x 1000)

	Ano 20X1 $ x 1000	Ano 20X2 $ x 1000
Receita bruta	100.000	106.000
Deduções	25.000	27.500
Receita líquida (RL)	**75.000**	**78.500**
Custo dos produtos vendidos (CPV)	**45.000**	**47.000**
Lucro bruto (LB)	**30.000**	**31.500**
Despesas operacionais (DO)	**22.000**	**23.000**
Despesas com Vendas	7.000	7.500
Despesas Adminsitrativas	12.000	12.000
Despesas Tributárias	1.000	1.000
Despesas Financeiras	2.000	2.500
Lucro (ou prejuízo) operacional (LO)	**8.000**	**8.500**
Tributação sobre o lucro	2.720	2.890
Lucro Líquido do exercício	**5.280**	**5.610**

É preciso começar a olhar de cima para baixo. No exercício do primeiro ano de atividade, a empresa faturou $ 100.000 (cem milhões), deduziram-se os impostos e as devoluções sobre a venda, o que gerou uma receita líquida de $ 75.000 mil. Houve um custo de produção (custo industrial) de $ 45 milhões que, deduzidos da receita líquida, geraram um lucro bruto de $ 30 milhões. Esse valor foi usado para cobrir todas as despesas operacionais da empresa, gerando um lucro de $ 8 milhões antes dos impostos. Sobre esse lucro, incidiu a tributação e o resultado líquido final, o lucro líquido (LL), foi de $ 5.280.000,00.

Muitos DRE trazem as despesas/receitas financeiras após as despesas operacionais. O que não altera o resultado do lucro líquido (LL)

ANÁLISE VERTICAL (AV)

Quando queremos ver o quanto cada conta representa em relação às outras, atribuímos à primeira 100% e comparamos todas as demais em relação a ela (100%). No DRE, se usa o valor da RL como sendo 100% e todas as demais contas são calculadas relativamente a ela.

Na Tabela 7, observa-se que para uma RL de $ 75 milhões a empresa obteve $ 45 milhões de lucro bruto, ou seja, uma margem bruta de 40%. O lucro líquido (após os impostos) foi de $ 5,28 milhões, ou seja, uma margem líquida de 7,0%. Como veremos adiante, essa análise tem maior sentido quando feita por mais de um período.

As publicações dos relatórios financeiros, obrigatórias para as Sociedades Anônimas, sempre apresentam os dois últimos exercícios. Dessa forma, os analistas financeiros podem ver a contribuição de cada conta para o resultado de cada exercício. O mesmo procedimento é feito para a elaboração do Balanço Patrimonial.

Tabela 7 - DRE com Análise Vertical (AV)

	Ano 20X1	
	$ x 1000	AV
Receita bruta	100.000	133,3
Deduções	25.000	33,3
Receita líquida (RL)	75.000	100,0
Custo dos produtos vendidos (CPV)	45.000	60,0
Lucro bruto (LB)	30.000	40,0
Despesas operacionais (DO)	22.000	29,3
Despesas com Vendas	7.000	9,3
Despesas Adminsitrativas	12.000	16,0
Despesas Tributárias	1.000	1,3
Despesas Financeiras	2.000	2,7
Lucro (ou prejuízo) operacional (LO)	8.000	10,7
Tributação sobre o lucro	2.720	3,6
Lucro Líquido do exercício	5.280	7,0

Agora, temos dois anos consecutivos para verificar a participação de cada conta em relação à RL de cada ano, respectivamente (Tabela 8). Vemos que no primeiro ano o CPV representou 60% da RL e 62,7% no segundo. O lucro líquido foi de 7% da RL no primeiro ano e de 7,5% no segundo. Assim, o analista deve examinar a participação de cada conta e verificar se houve alguma anomalia. O recomendável é analisar ainda mais exercícios.

Tabela 8 - DRE - AV 20X1 e 20X2

	Ano 20X1		Ano 20X2	
	$ x 1000	AV	$ x 1000	AV
Receita bruta	100.000	133,3	106.000	141,3
Deduções	25.000	33,3	27.500	36,7
Receita líquida (RL)	**75.000**	100,0	**78.500**	100,0
Custo dos produtos vendidos (CPV)	**45.000**	60,0	**47.000**	62,7
Lucro bruto (LB)	**30.000**	40,0	**31.500**	42,0
Despesas operacionais (DO)	**22.000**	29,3	**23.000**	30,7
Despesas com Vendas	7.000	9,3	7.500	10,0
Despesas Adminsitrativas	12.000	16,0	12.000	16,0
Despesas Tributárias	1.000	1,3	1.000	1,3
Despesas Financeiras	2.000	2,7	2.500	3,3
Lucro (ou prejuízo) operacional (LO)	**8.000**	10,7	**8.500**	11,3
Tributação sobre o lucro	2.720	3,6	2.890	3,9
Lucro Líquido do exercício	**5.280**	7,0	**5.610**	7,5

ANÁLISE HORIZONTAL (AH)

A análise horizontal nos mostra a evolução de cada conta em relação a um determinado ano base. No caso de dois anos, o primeiro deles é considerado como sendo o ano base. Todas as suas contas correspondem a 100%. No segundo ano, se verifica o quanto cada conta evoluiu em relação ao primeiro (Tabela 9).

No ano de 20X2 , enquanto que a RL cresceu 4,7% em relação ao ano de 20X1, os custos aumentaram 4,4%, menos do que o aumento relativo da RL, o que é sinal de boa gestão. Por sua vez, as despesas operacionais aumentaram 4,5%, novamente menos do que o aumento da RL, o que também é bom. O lucro líquido do exercício de 20X2 apresentou uma evolução de 6,3%, bem acima do aumento da própria receita líquida. O empresário deve se fixar nas grandes contas, como as desse exemplo. O analista financeiro poderá enxergar todas as contas em seus detalhes. Uma análise bem feita desses relatórios revela se as decisões feitas pela gestão foram acertadas ou não.

Tabela 9 - DRE - AV e AH - 20X1 - 20X2

	Ano 20X1		Ano 20X2		
	$ x 1000	AV	$ x 1000	AV	AH
Receita bruta	100.000	133,3	106.000	141,3	6,0%
Deduções	25.000	33,3	27.500	36,7	10,0%
Receita líquida (RL)	**75.000**	100,0	**78.500**	100,0	4,7%
Custo dos produtos vendidos (CPV)	**45.000**	60,0	**47.000**	62,7	4,4%
Lucro bruto (LB)	**30.000**	40,0	**31.500**	42,0	5,0%
Despesas operacionais (DO)	**22.000**	29,3	**23.000**	30,7	4,5%
Despesas com Vendas	7.000	9,3	7.500	10,0	7,1%
Despesas Adminsitrativas	12.000	16,0	12.000	16,0	0,0%
Despesas Tributárias	1.000	1,3	1.000	1,3	0,0%
Despesas Financeiras	2.000	2,7	2.500	3,3	25,0%
Lucro (ou prejuizo) operacional (LO)	**8.000**	10,7	**8.500**	11,3	6,3%
Tributação sobre o lucro	2.720	3,6	2.890	3,9	6,3%
Lucro Líquido do exercício	**5.280**	7,0	**5.610**	7,5	6,3%

INDICADORES FINANCEIROS DO BP E DO DRE

Dezenas de indicadores de análise financeira da gestão da empresa podem ser obtidos a partir de balanços patrimoniais e de demonstrativos de resultados dos exercícios. Dada a amplitude do tema, não é o objetivo deste livro abordar detalhadamente esses indicadores. Há literatura específica sobre análise de balanços, as quais chegam a ocupar livros inteiros. Vamos comentar apenas alguns indicadores dentre os mais importantes, para elucidar o que um BP e um DRE podem revelar sobre a gestão.

Os indicadores são apenas números obtidos por fórmulas simples. O segredo de uma boa análise está na sabedoria de sua interpretação e não no cálculo em si. Além disso, ela faz mais sentido quando vários indicadores são analisados em conjunto e, melhor ainda, se consideradas suas evoluções em um período superior a dois anos. Comecemos por um indicador que pode revelar se a empresa é capaz de honrar seus compromissos financeiros de curto prazo[42]: a Liquidez Corrente.

Para calcular a Liquidez Corrente, basta dividir o total do ativo circulante pelo total do passivo circulante. Usando os dados apresentados no balanço patrimonial do exemplo anterior (Tabela %), temos que:

- Liquidez Corrente = 7.000/4500 = 1,56

O resultado obtido foi maior do que um (1), o que pode ser considerado bom. A interpretação é a seguinte: para cada $ 1,00 que a empresa deve no curto prazo, ela tem bens e direitos de curto prazo no valor de $ 1,56. Até aqui, a empresa parece estar em uma situação confortável. Só que, muitas vezes, existe um estoque muito alto e o giro nem sempre é muito rápido. Assim, é pouco provável que todo ele pudesse ser vendido pelo preço contabilizado, rapidamente. Outro indicador comumente analisado

---

[42] Curto prazo é a conta com vencimento em até um ano após o encerramento do exercício. Se tomarmos um exercício encerrado em 31/12 de um ano qualquer, todas as contas que vencem nos próximos doze meses serão de curto prazo.

é a Liquidez Seca, que desconsidera o valor do estoque do ativo circulante. Usando o mesmo exemplo, teríamos que:

- **Liquidez Seca** = (7.000 – 900) /4.500 = 1,36

A situação de liquidez de curto prazo (capacidade de honrar os pagamentos) sem contar com os estoques ainda é muito boa, pois o valor contábil do estoque neste BP é bem baixo. Para cada $ 1,00 de compromissos a serem pagos, a empresa tem $ 1,36 de bens e direitos (caixa, bancos e recebíveis de clientes). Uma situação privilegiada, desde que os clientes honrem seus compromissos.

Outros dois indicadores contábeis fundamentais para qualquer empreendedor ou gestor estão relacionados ao retorno sobre o capital próprio (PL) e o retorno do Ativo (AT). Esses são ótimas medidas para saber se o capital empregado na empresa está trazendo vantagens aos sócios. Aqui, deve haver um cuidado todo especial: como são indicadores contábeis, deve-se atentar ao fato de que não podem ser analisados sozinhos, sem relação ao que poderiam auferir em outras oportunidades.

O **Retorno do Capital Próprio (ROE)** é um dos mais importantes indicadores. Muitos "donos" de empresas, principalmente das micros, pequenas e médias empresas, não se sentem confortáveis em examinar esse tipo de indicador. A razão é que temem que seu capital não esteja sendo remunerado adequadamente e que estejam perdendo melhores oportunidades para investir seu capital. Na verdade, esse indicador reflete a capacidade de gestão da direção. Ressaltamos novamente que uma análise financeira da gestão da empresa jamais pode ser feita com poucos indicadores. A leitura deve ser feita através de uma análise pormenorizada. A combinação deles é que será capaz de dar um diagnóstico mais eficaz sobre o desempenho da gestão. Para se calcular o Retorno do Capital Próprio (ROE)[43], basta dividir o Lucro Líquido pelo Patrimônio Líquido, ambos relativos ao mesmo período. Exemplo:

- Patrimônio Líquido no ano = R$ 100 mil

- Lucro Líquido (LL) apurado no ano = $ 5 mil

---

[43] ROSS, Stephen A.; WESTERFIELD, Randolph W.; JORDAN, Bradford D. **Princípios de Administração Financeira (2002)**.

- ROE = LL / PL = 5 mil / 100 mil = 5%

Nesse caso, o ROE teria sido 5%, o que significa que para cada real de capital próprio, a empresa teria gerado 5 centavos de lucro.

Com relação ao valor aplicado nos ativos da empresa, o indicador **Retorno do Ativo (ROA)** é capaz de revelar o quanto cada real investido em ativo gera de lucro. Exemplo:

- Ativo total (AT) = R$ 2.000 mil

- Lucro Líquido (LL) = R$ 200 mil

- ROA = LL / AT = 200 / 2.000 = 10%.

Portanto, para cada real aplicado no ativo da empresa, seria gerado um lucro de 10 centavos.

Sobre as margens, elas estão demonstradas pela Análise Vertical do DRE (Tabela 8). Tanto a Margem Bruta (MB) quanto a Margem Líquida (ML) são comparadas às receitas líquidas do período. Assim, temos que:

MB = Lucro Bruto (LB) / Receita Líquida (RL) = **MB = LB / RL**

ML = Lucro Líquido (LL) / Receita Líquida (RL = **ML = LL / RL**)

ORÇAMENTO

Uma peça que precisa ser muito bem elaborada é o "Plano Orçamentário Anual da Operação", ou seja, o orçamento. É recomendável que por volta de setembro ou outubro de cada ano haja um esforço concentrado na elaboração dessa ferramenta para ser aplicada no ano seguinte. A melhor técnica para elaboração de um orçamento anual é iniciar pela definição das premissas que irão orientar as projeções. Exemplo no Quadro 7. Para isso, devem ser consultadas fontes confiáveis.

Quadro 7 - Premissas para o Orçamento do Ano 20X2

Inflação anual	4,0%
Taxa de câmbio no início do período	3,15
Taxa de câmbio no final do período	3,30
Reajuste salarial por convenção coletiva	4,5%

O segundo passo consiste em projetar as vendas dos volumes (unidades vendidas) mês a mês. Fica a sugestão de fazer as totalizações também por trimestres (Tabela 10). Para simplificar o trabalho sem errar muito na projeção, deve-se considerar cada um dos clientes A e B, da curva ABC de vendas, aqueles que representam, digamos, cerca de 80% do total vendido. Para as vendas aos clientes C, pode-se aplicar um índice de crescimento único, por exemplo, a inflação projetada para o próximo ano. Em seguida, vem a projeção dos preços médios dos volumes.

Um erro comum é corrigir os preços do ano atual pela taxa inflacionária prevista para o ano vindouro. Se fosse assim, nem seria preciso elaborar um orçamento. Simplesmente se tomaria o DRE e sobre ele se aplicaria a inflação. A questão é que os volumes e os preços precisam ser amplamente discutidos. O envolvimento da equipe de vendas é crucial para o sucesso do plano. Essa é a parte mais difícil, mais imprecisa e mais importante do orçamento.

O exemplo da Tabela 10 emprega apenas três dos doze meses do ano orçado, servindo tão somente por seu caráter orientador.

Tabela 10 - Projeção das Unidades Vendidas - Trimestre-1 20X2

Mercadoria	Tipo	jan qtd	jan $/un.	jan $	fev qtd	fev $/un.	fev $	mar qtd	mar $/un.	mar $
Camisa	social	150	30	4.500	80	30	2.400	190	20	3.800
Camisa	casual	300	15	4.500	250	16	4.000	310	16	4.960
Calça	social	80	60	4.800	35	60	2.100	70	40	2.800
Calça	casual	120	45	5.400	70	45	3.150	130	47	6.110
Total		650		29.320	435		11.650	700		17.670

Total Receita trimestre-1	1785 unidades	$ 58.640

A partir da definição dos volumes a serem vendidos e dos respectivos preços de cada produto, a área de produção e suprimentos deverá projetar os insumos necessários para atender a demanda projetada. Deverá ainda avaliar a capacidade de produção e os investimentos necessários em equipamentos e máquinas, caso se trate de uma indústria, bem como em pessoal a ser contratado, ou até demitido, no caso de redução das vendas ou de investimentos em automação dos processos. Deve-se levar em conta que qualquer contratação de pessoal precisa ser feita com tempo suficiente para um bom treinamento, o que pode exigir que a contratação seja feita com pelo menos um mês de antecedência.

As áreas de vendas, administrativas e financeiras deverão participar das projeções das respectivas despesas operacionais para o volume de vendas do orçamento. Uma análise histórica dos DRE dos dois últimos anos será de muita ajuda. Por fim, se chegará ao lucro projetado (receita – custos – despesas operacionais = lucro).

Imaginemos que determinada empresa de serviços de *websites* tenha projetado demanda acentuada de pedidos de desenvolvimento para seus clientes já existentes e que a área de vendas ainda pretenda atuar em mais regiões. A demanda interna por mais pessoas, equipamentos (computadores) e licenças de *softwares*[44]

---

44 Softwares são programas dos sistemas de computação que fornecem algumas informações ao usuário. São bens classificados como intangíveis dentro da contabilidade. São operados por máquinas (*hardwares*), como os computadores e seus periféricos. Cada celular possui

exigirá uma discussão e projeção das necessidades de caixa que o incremento gerado pela área comercial irá implicar.

Os investimentos não acontecem todos no primeiro dia do ano, eles são espaçados conforme o planejamento. E os recursos para bancar todo esse crescimento? Existem ou terão que ser buscados junto a terceiros? Será oriundo de um banco de varejo ou de investimento? A que taxa? Como os investimentos em ativos fixos (computadores, mesas e cadeiras) serão depreciados? E os bens intangíveis (licenças de softwares) como serão amortizados? Essas são algumas indagações que demonstram a enorme complexidade de um plano orçamentário anual, fazendo com que essa seja, dentre todas, uma das tarefas mais trabalhosas de se realizar. Sem ela, passa a existir um faz de conta que permite que as coisas aconteçam para depois procurar uma maneira de resolvê-las, o popular "empurrar com a barriga". A melhor opção para uma empresa que age assim, com tal desleixo, é dispensar o próprio diretor. Se for o dono, bem, aí não há o que ser feito, a não ser procurar uma empresa melhor administrada para trabalhar, caso você seja um funcionário.

---

programas, ou *softwares*.

PREÇO DE VENDA

Em meu primeiro emprego, eu via que o gerente pesava a peça plástica produzida, multiplicava o custo da matéria-prima correspondente ao peso da peça por 2,2 e pronto: lá estava o preço de venda. Era o que ele chamava de fator multiplicador. Prazo de pagamento? Qualquer coisa entre 30 e 60 dias da data. À vista, tinha um pequeno desconto. Eu ficava louco para saber como o gerente havia chegado naquele fator multiplicador, mas ele não me revelava. Acredito que não sabia.

Um dia, um cliente com formação em economia me explicou um método que definiu como "por dentro" e outro como "por fora", ambos como formas de se calcular preços. "Por fora", nesse caso, nada tinha a ver com venda sem documentação legal, isso sequer era cogitado. Mas, mesmo assim, era uma estimativa um tanto grosseira. Eu imaginava que alguém deveria estar conferindo, pelos relatórios contábeis, se os preços estavam sendo definidos corretamente, pois o fator multiplicador não é um número fixo sempre.

É preciso identificar o que são custos e o que são despesas. Os primeiros ocorrem quando há produção na indústria, Custo dos produtos Vendidos (CPV), ou são relativos aos materiais de revenda no comércio, o Custo das Mercadorias Vendidas (CMV), ou, ainda, os custos envolvidos na geração de um serviço, os Custos dos Serviços Prestados (CSP).

Depois, é necessário conhecer as despesas operacionais. Gastos fixos e variáveis também necessitam ser determinados. Os fixos são aqueles que ocorrem mesmo que não haja venda. É o caso dos honorários do contador, do consultor, das assessorias tributárias e advocatícias, dentre tantas outras. As despesas de aluguel do escritório exemplificam bem essa despesa fixa. Os gastos variáveis se alteram conforme o volume vendido. É o caso da comissão do vendedor e dos gastos com insumos.

Vamos analisar o caso de uma loja que revende roupas. Na Tabela 11 se partiu de um preço de venda ($ 180,00) já conhecido. O CMV ($ 76,00) representa o custo das roupas que a loja revende. O frete deve compor o custo da mercadoria. As despesas variáveis ($ 50,00) são proporcionais ao preço de venda (receita). Essas

116

englobam os impostos sobre a venda e as comissões dos vendedores. Do preço de venda subtrai-se o CMV e as despesas variáveis, obtendo-se a Margem de Contribuição (MC). Essa deve ser suficiente para cobrir os gastos fixos, devendo sobrar uma parte, que é o lucro antes dos impostos sobre a renda (LAIR). Desse, há que se descontar o imposto de renda da pessoa jurídica (IRPJ) e a contribuição social sobre o lucro líquido (CSLL). A opção de tributação sobre o lucro, no exemplo, é feita pelo lucro real, que gera 34% de impostos. No final, sobra para os sócios o lucro líquido ($ 15,84).

Tabela 11 - Partes que Compõem o Preço de Venda

Preço de venda	180,00	100%
Custo das mercadorias vendidas (CMV)	76,00	42%
Despesas variáveis	50,00	28%
Subtotal 1	126,00	70%
Margem de contribuição	**54,00**	**30%**
Despesas fixas	30,00	17%
Lucro (LAIR)	24,00	13%
Impostos sobre o lucro	8,16	5%
Lucro líquido	**15,84**	**9%**

As despesas fixas permanecem inalteradas mesmo que as vendas aumentem ou diminuam. No exemplo, os R$ 30,00 de despesas fixas representaram 17% da composição do preço de venda, mas esse percentual obtido vale somente para essa combinação de números. É errado considerar a despesa fixa como um percentual constante quando se está calculando o preço de venda. Para determiná-lo, deve-se usar apenas o valor monetário.

Conhecido esse desdobramento, calculou-se os percentuais de cada conta em relação ao preço de venda. Agora, vem a já mencionada conta por dentro.

Em nosso dia a dia, conhecemos o custo das mercadorias, as despesas variáveis que incidem sobre ela e precisamos determinar o preço de venda. Assim, o valor monetário do CMV mais as despesas variáveis devem ser divididos por 0,7 (100% - 30%).

No exemplo, PV= $ 126/0,7 = $ 180,00. Se quisermos o fator multiplicador, basta dividirmos 1 por 0,7 que teremos o fator 1,43. Alguns podem preferir multiplicar 1,43 pelos $ 126,00, do que dividir os $ 126,00 por 0,7. O resultado será o mesmo, ou seja, $ 180,00.

O preço de venda à vista e sem impostos é usualmente chamado de preço *net* (líquido de impostos) ou ex-impostos. Digamos, por exemplo, que o preço unitário *net* seja $ 100,00. Supondo que o ICMS seja 18%, que o PIS seja 1,65% e a COFINS 7,60%. Todos esses três impostos somados resultam em 27,25%. Dividimos o preço net pela soma dos percentuais dos impostos para saber o preço faturado. Assim, PV=100/(1- (18+1,65+7,60)/100) = 100/ (1-0,2725) = $ 137,46. Para confirmar, podemos deduzir os 27,25% desse valor, $ 137,46.

O valor obtido deverá dar os $ 100,00 *net*, o que é confirmado no exemplo. Se houver comissão, o correto é usar o preço net sem comissão e um fator que represente a soma de todos os impostos que incidem sobre a venda mais a comissão a ser paga.

Aqui, ocorre um erro frequente que gera perdas para a empresa: partir de $ 100,00 e somar 27,25%, o que daria um PV = $ 127,25. Esse preço é menor do que deveria ser, estando errado, portanto. Se descontarmos deste PV de $ 127,25 o valor dos impostos de 27,25%, o resultado seria um preço net de $ 92,57, valor bem menor do que o preço net de $ 100,00. Portanto, uma perda de $ 7,43 por unidade vendida, devido a um erro de cálculo grosseiro do preço de venda. Esses impostos e as eventuais comissões sobre a venda são sempre calculados por dentro e não por fora, como feito no exemplo descrito.

Capítulo 4

VENDAS E MARKETING

SATISFAÇÃO DOS CLIENTES

Como saber se um cliente está satisfeito com a empresa que lhe fornece? Se ele tem outras opções de fornecimento no mercado e se mantém fiel à sua empresa ao longo dos anos, ele não pode estar insatisfeito, pois já o teria substituído. Estamos falando de fidelização de clientes.

Certa vez, em uma empresa argentina, eu e outro sócio estávamos analisando a fidelização dos nossos clientes. O ERP nos mostrava quanto cada um deles havia comprado em cada mês do ano selecionado. Era uma análise da evolução das compras dos clientes, que podia ser aberta também por linha de produtos ou por item de compras, permitindo uma análise ainda mais detalhada.

Percebemos, então, que tínhamos alguns clientes que vinham comprando regularmente valores mensais similares há cerca de três anos. Sabíamos que alguns deles estavam crescendo aceleradamente no mercado. Ora, se eles cresciam e não aumentavam os pedidos conosco era porque estavam repartindo seus pedidos de insumos com outras empresas e dando a elas os volumes que representavam todo o seu crescimento. Era um caso típico de perda de participação no mercado (*marketshare*).

Na mesma análise, abrimos a informação por produtos e vimos que crescemos nas poucas *commodities* que produzíamos, mas o montante de especialidades vinha gradativamente caindo. O valor comprado mensalmente era praticamente sempre o mesmo. Ora, isso era revelador, pois mostrava que havíamos perdido participação nos produtos que geravam as melhores margens, e só mantínhamos os clientes por que éramos mais competitivos em algumas commodities que importávamos a preços muito baixos. Ou seja, estávamos perdendo a qualidade de nossas vendas. O pior de tudo é que eram clientes importantes.

Algumas técnicas para conhecer o grau de satisfação dos clientes em relação aos seus fornecedores são bem disseminadas. A pesquisa de satisfação é a mais difícil de ser realizada. Na década de 2000, houve um modismo entre as empresas que buscavam a certificação na ISO 9001. Todas faziam pesquisas de satisfação dos clientes, enviando formulários geralmente extensos, que tomavam muito tempo para serem respondidos. Empresas especializadas em pesquisas de mercado ligavam insistentemente a fim de obterem respostas para os questionários elaborados para as empresas que as contratavam. Os clientes já não suportavam mais responder esse tipo de pesquisa. Muitos passaram a se negar a respondê-las.

A voz do cliente - Indústria KYS

Nos idos de 2000, estando à frente da indústria KYS, resolvemos inovar a abordagem junto aos clientes para saber se eles estavam satisfeitos. O nosso próprio time de vendas e de assistência técnica passou a colher informações dos funcionários com os quais usualmente mantinham contatos dentro das empresas clientes. As perguntas eram inseridas sutilmente na conversa, que era orientada por nossos colaboradores para que isso acontecesse. Normalmente, era preciso ir mais de uma vez ao cliente até obter as respostas desejadas.

Um tópico importante era a imagem institucional da nossa empresa. Queríamos saber como éramos vistos. O nosso pessoal dizia que a empresa estava investindo para chegar ao crescimento planejado e que isso exigia a conquista de novos clientes. Em seguida, perguntavam se poderiam citar o cliente como fonte de referência, e se o mesmo poderia atender a ligação de um eventual cliente prospectado. Então, perguntavam para o cliente se ele recomendaria a nossa empresa. Por fim, solicitavam que nosso cliente respondesse honestamente esta pergunta: Em uma recomendação, qual seria a ordem de preferência das empresas do nosso segmento?

Conhecendo nossa participação em suas compras, se o cliente nos colocava no topo de sua preferência nas respostas acima, nosso pessoal perguntava a razão de não terem uma fatia maior dos seus pedidos. As respostas esperadas eram que o nosso preço era mais alto, que o concorrente não lhe cobrava o frete ou ainda, que o nosso prazo de entrega era maior do que a sua necessidade. O cliente poderia ainda comentar que levávamos muito tempo para desenvolver um novo produto ou que a quantidade mínima que fornecíamos era maior do que a dos concorrentes, entre vários outros possíveis comentários. Assim, informalmente, sem estar com um questionário estruturado, o cliente ia revelando naturalmente o que precisávamos saber. Só escutando a voz do cliente para ter certeza. Isso mesmo: a **voz do cliente**!

PESQUISA DE MERCADO

De tempos em tempos, toda organização precisa atualizar as informações sobre sua participação no mercado em comparação aos principais concorrentes. Isso não é, necessariamente, a mesma coisa que conhecer o grau de satisfação dos clientes. Perguntar diretamente ao cliente pode gerar grandes oportunidades para a implementação de ações que tragam melhorias ao desempenho comercial da empresa. Insistir em escutar a voz do cliente nunca é demais.

O cliente pode se sentir muito satisfeito com nosso produto e com o nosso atendimento, mas, por razões diversas, como preço, logística ou a nossa capacidade produtiva, podemos lhe fornecer muito pouco em relação ao que ele costuma adquirir da concorrência. Nesses casos, sua satisfação é parcial. Isso pode acontecer devido a algo que sobrevalorizamos, como a qualidade, por exemplo, a qual o cliente considera como um pré-requisito obrigatório e não como um diferencial. A decisão da compra pode acontecer pela influência de outras variáveis, onde podemos não ser os mais capazes.

Nem sempre o mercado nos reconhece por aquilo em que acreditamos ser bons ou os melhores. O pior é nos enganarmos por falsas premissas. Pode ser que sejamos de fato bons em alguns quesitos, porém, podemos não saber traduzir isso para os clientes. A percepção deles não pode ser avaliada apenas pelas informações obtidas através dos nossos bancos de dados.

Escutar o cliente é crucial em qualquer tipo de negócio. Essa afirmação pode soar tão óbvia como "chover no molhado", porém, a praticamos de fato em nossos negócios? Somos abertos às críticas? Como percebemos os sinais de advertência que nossos clientes nos emitem? Uma boa pesquisa pode ajudar a empresa a obter essas respostas.

É preciso investir na informação obtida diretamente dos clientes, um a um, principalmente, nas fornecidas por aqueles que mais impactam em nossas receitas, pelos que gostaríamos de ter uma participação maior e por aqueles onde não temos participação nenhuma.

As organizações maiores costumam contratar empresas especializadas em pesquisas de mercado. Alguém que seja isento e com "expertise" certamente poderá fornecer um valioso conjunto de informações. Recentemente, vi a apresentação de uma empresa contratada por uma entidade de classe da qual eu era assessor. Foi muito interessante acompanhar os resultados daquela pesquisa, ainda que, segundo os próprios pesquisadores, nem todos os associados tenham se disposto a respondê-la. Mas é assim mesmo. O importante é ter uma amostragem representativa e isso essas empresas sabem fazer.

No entanto, de nada adianta termos uma pesquisa confiável e abrangente se engavetarmos o relatório dela. Aí, entra a inteligência empresarial, que se caracteriza por detectar os pequenos sinais. Analisar os dados e fazer o cruzamento das informações para adquirir conhecimento gera uma vantagem competitiva real a quem o faz. A pesquisa vai contribuir para que as tomadas de decisão da empresa tenham maior probabilidade de êxito.

Existe o outro lado também. Já tivemos um serviço dessa natureza contratado de uma empresa de grande abrangência nacional e o resultado foi totalmente inconsistente e de pouca valia. Pior do que isso, a um custo altíssimo pelo serviço. Apontaram um concorrente muito pequeno como sendo o mais bem visto pelo mercado e, por isso, ele deveria ser admirado e nos causar forte preocupação. Uma inspiração do *benchmarking*, segundo eles.

Acontece que o questionário terceirizado foi respondido por um número de empresas insuficiente e de porte bem pequeno, basicamente. Essas não eram a nossa preocupação. Queríamos que a pesquisa tivesse sido feita entre os clientes com possibilidade de consumo significativo. Pode ser que a nossa área de marketing não tenha conseguido informar quais eram os nossos reais objetivos ao realizar aquela pesquisa. Contudo, a empresa contratada não soube distinguir o nosso porte corporativo do da pequena empresa concorrente, cuja atuação era apenas local e cujos valores e volume de vendas eram inexpressivos comparados aos nossos.

De fato, o concorrente prestava um ótimo serviço. Tinha negociações bem diferenciadas, como vender quantidades muito pequenas e oferecer produtos especialmente desenvolvidos para seus clientes. Para esses, não havia realmente ninguém melhor do que aquele fornecedor, nisso concordávamos. Só que esses clientes não eram significativos para o nosso volume e sequer nos interessavam.

Acontece que os compradores desse mercado estão saturados de responder a questionários e entrevistas dessa natureza, pois as empresas de pesquisas de mercado costumam exagerar no tempo de suas entrevistas. A empresa por nós contratada precisava de pelo menos vinte minutos do tempo de cada cliente. Por esses motivoE, os executivos costumam fugir das pesquisas.

Benchmarking - Empresa Alfa Centauro

A Alfa Centauro queria conhecer mais a concorrência e sua participação nos segmentos em que atuava. Queria uma informação abrangente, ou seja, em todo o país, o que não era algo simples de ser feito. A direção entendia que a estratégia de crescimento só poderia ser efetivada se a empresa tivesse pleno conhecimento de como ela e os concorrentes eram vistos pelo mercado. Acreditava que as oportunidades estavam lá, mas nem sempre eram claras. A expectativa também era descobrir os pontos a serem melhorados. Para isso, nada melhor do que conhecer a percepção do mercado em relação ao seu negócio. Por esses motivos, era muito importante realizar uma pesquisa.

A empresa mobilizou toda sua equipe, comercial, técnica e diretoria, para fazerem, pessoalmente, visitas e entrevistas em clientes de todo o Brasil. De um universo superior a trezentos clientes, cerca de duzentos foram pesquisados, fazendo com que esse trabalho durasse cerca de três meses.

Os materiais que a Alfa Centauro produzia foram classificados em Básicos A e B, e especialidades. O DNA da empresa era as especialidades, mas as commodities (Básicos A e B) representavam uma enorme fatia do mercado. A venda desses produtos era dominada por grandes empresas com alta escala de produção, que possuíam plantas em regiões incentivadas por larga isenção ou redução de tributos.

Os básicos não eram o tipo de produto que a empresa queria trabalhar. Embora revendesse alguns importados, estava longe de ser competitiva, apenas os mantinha em seu *portfólio* de soluções. No entanto, conhecer o quanto esse mercado representava e se os clientes com alto consumo dessas commodities concentravam suas compras de especialidades nos mesmos fornecedores eram pontos chaves a serem pesquisados.

No Gráfico 2 serve como exemplo do que pode ser feito. O resultado da tabulação da pesquisa é feito com participação por faixa percentual e por grupos de produtos.

Gráfico 2 - Clientes - Faixa % Compras Totais - "Alfa Centauro"

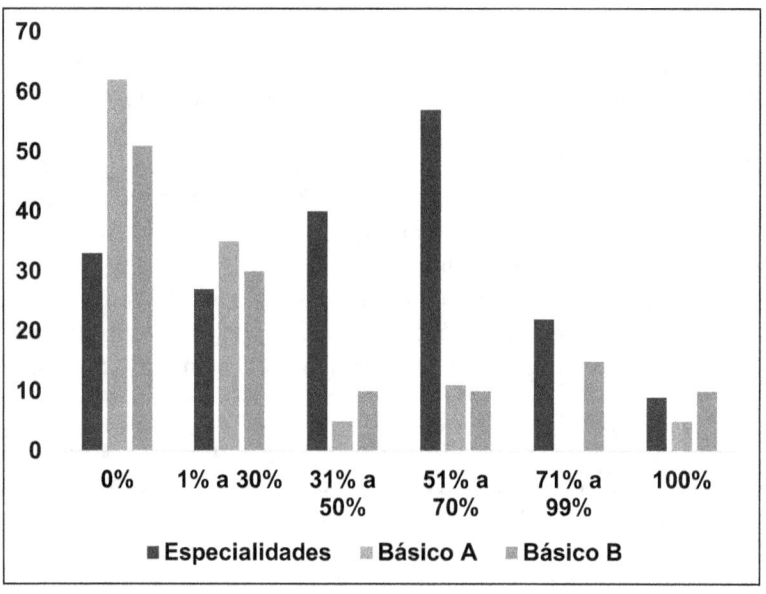

O número de clientes de especialidades visitados foi 188, dentre eles, 30 não compravam nenhuma especialidade da Alfa Centauro. Outros 57 pesquisados compravam entre 51% e 70% do volume total de suas compras de especialidades dessa empresa. Apenas nove clientes compravam 100% da Alfa Centauro. O normal é que os clientes de especialidades também consumam algumas commodities. Ainda há os que concentram seus consumos em básicos e adquirem pouco de especialidades.

O Gráfico 3 apresenta percentuais em vez de números absolutos de clientes da Alfa Centauro, agrupados por linha de produtos dela adquiridos, o que pode ser mais elucidativo.

Gráfico 3 - % Clientes por Faixa % Compras Totais - "Alfa Centauro"

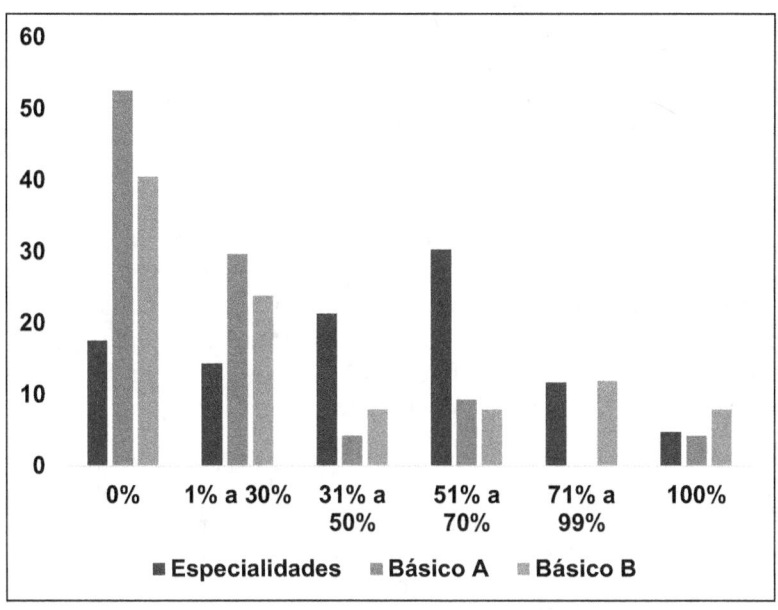

Por esse gráfico, verifica-se que menos de 20% dos clientes não fazem compras de especialidades da empresa e que 30% compram dela entre 51% e 70% de seu consumo desses produtos.

Outra constatação é de que mais de 80% dos clientes entrevistados compram da empresa no máximo 30% de Básico A. Dois simples gráficos servem como fontes para uma ampla análise do que a empresa fornece a seus clientes. Nos dados fornecidos, os clientes são identificados, o que é de grande utilidade para ações estratégicas e pontuais.

Na pesquisa sobre volumes consumidos mensalmente pelos clientes, verifica-se que as especialidades representam 590 toneladas, e os produtos Básicos A e B, respectivamente, 940 e 750 toneladas (Tabela 12).

Tabela 12 - Volumes Consumidos Mensalmente por Produto

	Toneladas	%
Especialidades	**590**	**26**
Básico A	940	41
Básico B	750	33
Total	**2280**	**100**

Essa é uma das informações mais importantes da pesquisa, pois mostra o consumo total por tipo de linha de produtos. As especialidades representam apenas 26% do total consumido pelos clientes entrevistados. Para ter presença forte nesse tipo de opção é preciso uma estratégia de diferenciação eficaz. Não basta fazer bem feito, tem que fazer melhor e ser reconhecido como uma empresa que agrega valor.

Noutra pesquisa, o objetivo era elaborar um ranking da concorrência. Os clientes citaram os que consideravam como seus melhores fornecedores. Os dados colhidos foram inseridos em uma planilha por linha de produtos. Dessa forma, foi possível verificar os principais concorrentes por ordem de importância, de especialidades e de básicos.

Outro ponto avaliado referia-se às forças reconhecidas pelos clientes, tanto da Alfa Centauro como de seus concorrentes. O Gráfico 4 ilustra esse tópico. No caso, foram listados alguns quesitos a fim de que os clientes dissessem qual deles era considerado como o principal.

Gráfico 4 - Forças Reconhecidas pelos Clientes

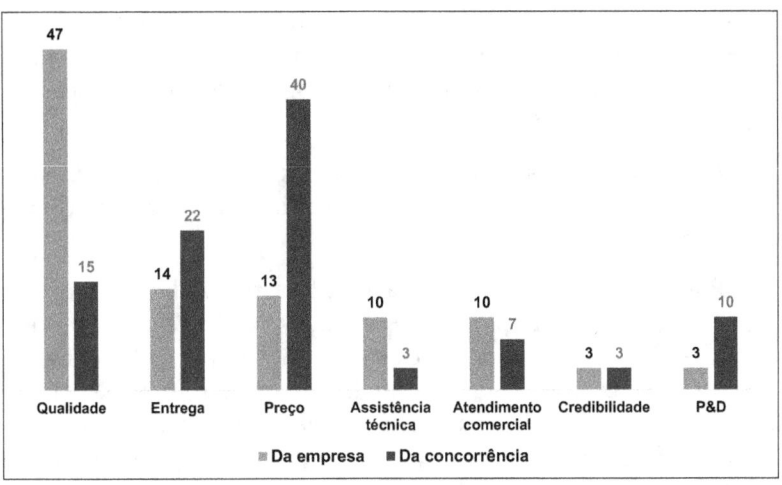

A qualidade foi a força mais reconhecida, sendo citada por quase metade (47%) dos clientes da empresa, enquanto que o preço foi a força mais citada para os concorrentes (40%). A entrega foi a segunda força mais reconhecida para a empresa e também para os concorrentes. A força pesquisa e desenvolvimento (P&D) da concorrência teve destaque bem maior do que a da Alfa Centauro.

Outra revelação da pesquisa foi referente às suas fraquezas e às da concorrência. Os mesmos quesitos foram apresentados aos clientes, a fim de que escolhessem o ponto fraco mais reconhecido. Na análise posterior foi verificada a existência de coerência entre os pontos fortes e fracos apresentados, tanto da empresa como da concorrência.

Para cada ponto fraco relevante, deve ser preparado um plano de ação. As informações podem ter diferentes percepções em diferentes regiões ou segmentos atendidos. Ficou comprovado que poucas perguntas fornecem grandes informações sobre como a empresa é percebida de fora para dentro e como a concorrência é avaliada pelos clientes. Esses elementos são fundamentais para a elaboração de um planejamento estratégico de longo prazo.

Entre as ações de marketing da empresa, a mais lembrada pelos clientes eram os boletins informativos impressos. Em segundo, vinha a participação como expositor em feiras. O *folder* veio em terceiro e a publicidade em revistas em quarto lugar. Parecia que o investimento em publicidade nas revistas nacionais não surtia o efeito esperado, uma informação relevante para o trabalho do pessoal de marketing.

Uma boa pesquisa pode abordar várias outras questões. O mais importante é ter um objetivo definido a fim de elaborar uma pesquisa de maior eficácia.

Por fim, fica claro que uma pesquisa realizada por empresa especializada tem isenção, mas é cara. As realizadas pela própria empresa não contam com a mesma isenção do pessoal envolvido, principalmente o de vendas. Contudo, ela oferece um custo muito menor. Nesse caso, é aconselhável fornecer um treinamento para o pessoal interno responsável pela pesquisa, ressaltando a importância deles não interferirem nas respostas. A pesquisa só terá o efeito desejado se for imparcial.

MATRIZ DE COMPETITIVIDADE

Uma boa prática do Marketing de uma empresa é comparar os atributos de produtos equivalentes (os que disputam a mesma faixa de clientes) de diferentes marcas. Os primeiros passos são selecionar os principais produtos concorrentes, relacionar os atributos mais importantes do ponto de vista do consumidor e agrupá-los nos "4P do Marketing" (preço, produto, promoção e praça). Em seguida, deve ser estabelecido um peso (grau de importância) para cada atributo (em uma escala de 1 a 5, sendo 1 o de menor importância e 5 o de maior).

Nas colunas dos produtos, cada membro da equipe dá notas aos atributos dos produtos concorrentes. Na Tabela 13 do exemplo abaixo, os atributos se referem a cinco modelos de veículos que disputam o mesmo mercado. O conceito é obtido pela multiplicação do peso de cada atributo pela respectiva nota dada. No final, Tabela 14, teremos a soma dos conceito para os 4P e o total geral. Isso oferece uma boa ideia das razões de determinadas marcas venderem mais do que outras. Novamente, de nada vale ter as informações em mãos se elas não gerarem conhecimento. Na sequência, deverá ocorrer a tomada de decisão que deverá orientar o foco das ações de marketing.

Tabela 13 - Matriz de Competitividade

	Veículos		A		B		C		D		E	
4P	Atributos	Peso	Nota	Conceito	Nota	Conceito	Nota	Conceito	Nota	Conceito	Nota	Conceito
Preço	Preço (R$)	4	3	12	4	16	4	16	3	12	2	8
	Condições de pagamento	5	4	20	5	25	4	20	4	20	4	20
	Valor de revenda	3	4	12	3	9	2	6	5	15	3	9
	Total 1ºP			44		50		42		47		37
Produto	Acessórios	4	4	16	3	12	2	8	5	20	4	16
	Design	4	4	16	4	16	2	8	5	20	5	20
	Imagem de marca	3	4	12	3	9	2	6	5	15	3	9
	Total 2ºP			44		37		22		55		45
Promoção (Comunicação)	Promoção	3	4	12	5	15	4	12	4	12	4	12
	Comunicação	2	3	6	5	10	5	10	5	10	3	6
	Total 3ºP			18		25		22		22		18
Praça	PDV (Nro. Autorizadas)	2	5	10	5	10	5	10	4	8	3	6
	Pós-venda	3	3	9	3	9	2	6	5	15	4	12
	Total 4ºP			19		19		16		23		18
Total				◑ 125		◕ 131		○ 102		● 147		◔ 118

Notas de 1 a 5, sendo 1 a pior e 5 a melhor

Tabela 14 - Totais dos Pontos de "Conceitos"

	A	B	C	D	E
Preço	44	50	42	47	37
Produto	44	37	22	55	45
Promoção	18	25	22	22	18
Praça	19	19	16	23	18
Total	**125**	**131**	**102**	**147**	**118**

Gráfico 5 - Matriz de Competitividade – Veículos

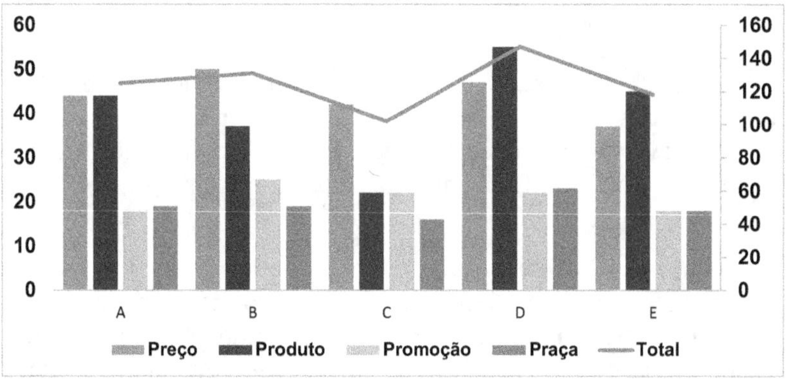

A área de marketing deverá debruçar-se sobre os dados acima, e tirar as conclusões que irão informar a diretoria o que deve ser melhorado e as estratégias que deverão ser adotadas para incrementar a competitividade de seus produtos.

O Gráfico 5, revela que a maior e a menor pontuação geral foram obtidas pelos veículos o "D" e "C", respectivamente. O que isso significa na realidade? Onde essas pontuações tiveram maior repercussão? O veículo "D" se destacou nos quesitos produto e praça (maior abrangência de revendas). Já o veículo "C", além de ser um produto inferior aos demais, tem, comparativamente, poucos pontos de revenda. Uma boa campanha publicitária deverá se valer dessas informações para ser exitosa.

RESUMO DA VISITA

A venda hoje é realizada com menos arte do que costumava ser no passado. Apesar disso, certas características precisam ser perpetuadas, como a capacidade de persuasão do vendedor. Hoje, a venda exige mais profissionalismo, respostas precisas, responsáveis e rápidas.

Um vendedor tem que ser organizado, aliás, muito bem organizado. Sem isso, ele não conquista a confiança e atenção do comprador, por mais simpático e extrovertido que seja. Aquele vendedor superdescontraído, que falava alto, ria muito, contava piadas e se achava no direito de permanecer horas com um comprador, praticamente perdeu seu espaço. Genericamente falando: o vendedor que parecia ter duas bocas e um ouvido não agrada mais o mercado.

O que o comprador quer de um vendedor? Ele quer um porta-voz da empresa fornecedora, capaz de entender suas necessidades e de lhe oferecer soluções. O que ele deseja é um fornecedor que agregue valor ao seu negócio, que seja informado, honesto, dinâmico e que conheça o segmento. Enfim, ele quer alguém com quem ele possa contar sempre.

Como um vendedor faz para demonstrar um alto grau de profissionalismo? Mostrando-se organizado, informado e preparado.

Uma visita a um cliente atual ou a um cliente em potencial requer uma boa preparação prévia. O vendedor deve criar uma estratégia específica para cada cliente e identificar as táticas mais adequadas a cada um, como analisar o histórico de vendas, quando houver.

O vendedor deve mergulhar no website do cliente. Ele precisa entender qual a "Visão" e a "Missão" da empresa que pretende visitar, ou seja, o que ela almeja ser no futuro, o que ela faz, como faz e porquê faz. Conhecer a história e os valores do cliente soma bastante em uma ação de vendas.

Outras fontes, como as entidades de classe, também podem contribuir fornecendo informações úteis como, número de funcionários, nome dos sócios e até o faturamento. Para uma empresa de capital aberto, a recomendação é buscar pelos relatórios financeiros na internet. Se a empresa for listada em alguma bolsa de valores, os informes são abertos a quem quiser vê-los. A área de relações com investidores (RI) das próprias empresas divulga os dados e os indicadores de desempenho financeiro. Se for preciso, a ajuda do diretor financeiro ou do contador pode auxiliar a interpretação desses relatórios.

Relato, a seguir, o que fiz em relação a um concorrente e que adotávamos também em relação aos clientes. Quando tinha uma indústria química, quis saber como andava a saúde financeira do concorrente líder no mercado brasileiro. Nossos vendedores se queixavam muito porque não conseguíamos acompanhar os seus preços. Procurei pelos balanços patrimoniais do concorrente nos sites de busca e, com alguma persistência, os encontrei. Nossa concorrente estava bastante endividada e amargava prejuízos consideráveis nos últimos dois anos. Mostrei isso aos vendedores e pudemos constatar que os preços baixos praticados tinham uma consequência amarga para eles: o prejuízo. Pela necessidade de gerar duplicatas para fazer caixa, era de se esperar que aquela prática ainda durasse por um longo tempo. Jamais iríamos acompanhar aqueles preços, sob pena de entrarmos também em prejuízo. Portanto, batemos de novo na mesma tecla: a área da inteligência empresarial deve buscar informações e gerar conhecimento para, só então, tomar as decisões.

O exemplo dado aos vendedores serviu como motivação para fazê-los buscar por informações extras disponíveis sobre os clientes. Muitas surpresas surgiriam daí em diante. Não basta olhar a mensagem do cliente, o que o website dele nos diz. É necessário também procurar por outras fontes de informação. Aí sim, é possível obter uma "foto" mais nítida do cliente.

Não se pode esquecer de que os compradores fazem o mesmo com relação aos seus fornecedores, logo, você também é constantemente investigado e monitorado. Atentem para isso!

Não menos importante, é levantar informações sobre o segmento do cliente e o seu mercado, saber quem são as empresas que concorrem diretamente com ele, quais são as maiores, as que possuem características inovadoras e qual o desempenho econômico do setor.

Principalmente para o vendedor sem experiência e que não conhece bem a concorrência, fica a recomendação para adquirir esse conhecimento com os colegas que já estão na empresa há mais tempo. Conhecer os próprios concorrentes de segmento, nem seria preciso dizer, é obrigação. Recomenda-se fazer um mapeamento da concorrência, conhecendo seus pontos fortes e fracos, número de funcionários, faturamento, região onde atua e outros dados pertinentes.

Também é necessário entender a forma como os principais concorrentes atuam e quais são suas estratégias comerciais. Eles focam no preço ou na diferenciação? Quais são os seus prazos de entrega e de pagamento? Como é a sua logística de abastecimento? O que anunciam de investimentos, expansão ou outras novidades? Os pequenos sinais também precisam ser detectados e interpretados.

Estudando toda essa informação, o vendedor estará apto a causar a melhor impressão em seu cliente. É comum ir a uma reunião no comprador e deparar-se com mais pessoas presentes, como um diretor, por exemplo. Essa é uma boa oportunidade para o vendedor deixar a sua marca.

A primeira impressão pesa muito no conceito do profissional. O tema de uma conversa muda de acordo com o público. Se o interlocutor for um executivo, os assuntos serão mais direcionados para estratégia, a macroeconomia e o comportamento do mercado. Com o comprador, o assunto será mais voltado às novidades, ao que o fornecedor tem para apresentar, às perspectivas de melhora nos parâmetros da negociação e assim por diante.

Dependendo do ramo de atividade do vendedor, vale muito mais a pena fazer um número menor de visitas bem preparadas do que, sem a devida preparação, correr alucinadamente para visitar o maior número possível de clientes. Um comprador não vai querer receber, pela segunda vez, um vendedor que não agregue nada, que queira apenas empurrar produtos ou serviços.

Um comprador quer reconhecer no vendedor alguém que possa lhe trazer segurança e algum benefício, principalmente no longo prazo. Os compradores atuais também fazem cursos, se especializam e são muito profissionais. Arriscaria dizer que, em média, os compradores são tão ou mais preparados que os vendedores atualmente. Não há como um amador enfrentar um profissional.

Uma boa técnica para demonstrar organização, comprometimento e profissionalismo é fazer a cada visita um "Resumo da Reunião". Durante a própria visita, o vendedor anota o que está sendo abordado. No final da reunião, pede licença ao comprador, que pode ser o proprietário da empresa, alguém da área de compras ou de outro departamento, para ler o resumo feito, a fim de confirmar se eles estão alinhados.

Logo após, deve pedir permissão para enviar o resumo por e-mail aos participantes da reunião, o que deve ser feito o mais breve possível. Também pode solicitar que os participantes se sintam à vontade para acrescentar algo que foi esquecido como um comentário adicional, a concordância ou discordância com algum ponto específico ou mesmo com tudo.

No máximo em um dia, o vendedor deverá elaborar esse resumo e enviar como combinado. É aconselhável abrir pastas por cliente em sua caixa de e-mails e salvar esses resumos. Ter redundância desses arquivos (backup) também é recomendável.

É preciso salientar sobre a importância de que outras pessoas da empresa sejam copiadas no e-mail. Se um vendedor precisar se ausentar por um tempo, a pessoa que o substituir terá acesso fácil a esses resumos, que são propriedades da empresa para a qual o vendedor trabalha. Isso revela transparência na gestão de sua atividade. É preciso ter atenção com os contratos firmados com os representantes comerciais. Alguns detalhes contratuais podem denotar vínculo empregatício, possibilitando um futuro litígio apesar da maior flexibilidade de nossa atual legislação trabalhista.

Vinícola Latitude 31

Um vendedor que está começando suas atividades em uma empresa multinacional com produção local de máquinas e equipamentos para a indústria de vinhos, quer agendar uma visita ao produtor de vinho mais importante da região. O presidente da empresa quer ir junto, pois essa visita é de fundamental importância para as pretensões da empresa. Abaixo, detalhamos os passos que o novo vendedor deverá fazer para estar bem preparado para essa visita:

Atividade 1: Levantamento de informações sobre o cliente-alvo:

- Estudar o *site* e os materiais disponíveis na internet sobre o cliente, para saber como sua empresa começou, como está hoje e aonde quer chegar; conhecer os seus norteadores estratégicos e seus principais produtos; procurar saber como é a sua sede, se estão contratando e quais são as notícias atuais sobre a empresa;
- Buscar informações sobre a publicação e relatórios financeiros na internet;
- Fazer pesquisa de crédito com uma das empresas que forneçam esse tipo de informação; saber qual o capital social e como está distribuído; ter informações sobre a pontualidade de seus pagamentos e se tem algum processo de execução fiscal ou civil; toda empresa tem riscos e esses não podem ser uma surpresa;
- Visitar as principais lojas de vinhos e conversar com seus vendedores e com o *sommelier*[45]. Assim, é possível conhecer a qualidade dos produtos, os preços relativos e as características da entrega da vinícola estudada; visitar alguns supermercados que vendam vinhos;
- Procurar uma associação de produtores de vinhos para obter dados de mercado e das empresas associadas. Algumas entidades divulgam alguns dados úteis em seus sites;
- Trocar ideias com outros fornecedores não concorrentes que atendam ao segmento;
- Resumir e ordenar as informações e fazer uma apresentação para o diretor de sua própria empresa.

Atividade 2: Agendamento da visita

---

[45] *Sommelier* é o especialista em vinhos que pode trabalhar em restaurantes e lojas. Sua função é orientar os clientes quanto ao vinho mais adequado ao seu prato ou às suas preferências.

- Ligar para o cliente, apresentando-se e especificando quem irá e com quem gostaria de falar;
- Deixar claro o objetivo da reunião;
- Essa ligação deve ser curta.

Atividade 3: Visita ao cliente-alvo

- Ensaiar a reunião com o diretor. Nesse ensaio, um dos dois ou um terceiro poderá simular ser o cliente. Os papéis podem ser invertidos. O objetivo desse teatro ensaiado é proporcionar segurança e evitar erros durante a visita;
- Preparar a apresentação de sua empresa, que deverá ser curta e conter os aspectos mais relevantes. Essa apresentação poderá ser feita através de um vídeo institucional, da apresentação de slides, em material impresso ou apenas verbalmente, o que não é recomendável;
- Iniciar agradecendo a gentileza de os receberem nessa visita;
- Fazer as apresentações devidas, dizendo em poucas frases quem é a sua empresa;
- É proibido esquecer os cartões de visita que devem ser entregues no início da reunião;
- Deixar que o cliente também faça uma apresentação da sua empresa;
- Explicitar os seus objetivos com a reunião que, nesse caso, deverão ser se conhecerem mutuamente e colocar sua empresa à disposição, pois, se possível, gostaria muito de se tornar fornecedor no futuro.
- Isso deixa o cliente relaxado e sem sentir-se pressionado, pois este não é o momento de vender nada além da imagem institucional de sua empresa. É possível que a reunião se encaminhe para uma discussão sobre produtos. Se isso acontecer, será um bom sinal de que houve interesse por sua empresa.
- Uma conversa introdutória mais genérica ajuda a reduzir a tensão inicial; pode se comentar da grata surpresa com a região, com aquela empresa em si ou que já conhece alguns de seus vinhos. Se for o caso, poderá comentar algum fato pessoal como a mudança com a família para a região e com sua adaptação a ela. Causar empatia é importante, principalmente ao se conhecer alguém;

- Como já dito anteriormente, os diretores costumam abordar temas mais macros, como a economia do país, o desempenho do setor e as expectativas para o ano e no longo prazo; As federações de indústrias e comércio, os sindicatos patronais e as associações comerciais e industriais são boas fontes de consulta sobre esses pontos mais estratégicos;
- Pedir licença para fazer a apresentação, em vídeo ou outro meio, da sua empresa.
- Falar um pouco mais sobre a capacidade da sua empresa e sobre como poderão contribuir para o crescimento do cliente; não se deve entrar em detalhes comerciais nessa primeira visita;
- Pedir ao cliente para que comente um pouco sobre seu consumo e sobre seus principais fornecedores; verificar quais os requisitos exigidos para se tornar fornecedor e se há planos de investimento em máquinas e equipamentos para o ano;
- Colocar sua equipe de engenharia à disposição para um encontro com a equipe técnica do cliente, para estudar alternativas que poderiam trazer benefícios para a vinícola;
- Um convite para visitar a planta deve ser esperado, deve-se agradecer a gentiliza e retribuir o convite;
- No final da visita, o vendedor deve pedir licença para relatar o resumo do que foi tratado na reunião; verificar se todos estão de acordo e pedir licença para enviar um e-mail com um resumo formal do abordado na visita; justificar que esse procedimento ficará nos arquivos para servir de consulta para visitas futuras;
- Perguntar se gostariam de saber mais alguma coisa sobre sua empresa;
- Agradecer pela atenção e encerrar a reunião

Atividade 4: Resumo da Reunião

Preparar, revisar e enviar o e-mail aos presentes na reunião, com cópia para o seu diretor comercial, que não pode estar presente . O assunto do e-mail deve ser: Resumo da Reunião e a data em que foi realizada. Segue um modelo:

Para: Vinícola Latitude 31

Prezados Senhor Presidente Roberto Antoniolli
e Sr. Pedro Juan Lazzarotti Nieto

Antes de tudo, queremos agradecer pela atenção que nos dispensaram por ocasião de nossa visita à sua empresa em 21-julho-20XY. A seguir, um resumo do que foi tratado na oportunidade:

- Comentamos sobre a conjuntura econômica do país e do setor, onde ficou claro que o ano corrente é de dificuldades de ordem macroeconômicas. Foi informado que, mesmo assim, sua empresa vai seguir com seu plano orçamentário de investimentos, pois acredita na tendência de diminuição da concorrência dos produtos importados. Assim, prevê renovar um quarto das máquinas, as que ainda são de madeira, por outras de inox;
- Fizemos um "tour" na planta e conhecemos o seu parque fabril. Constatamos que podemos contribuir para um aumento de produtividade com o emprego de nossa linha de produtos;
- Deixamos o convite para que visitem a nossa empresa;
- Falamos sobre a possibilidade de agendar uma visita técnica à vinícola para que nossos engenheiros possam entender seu processo e suas necessidades a fim de poder apresentar as melhores soluções, de acordo com as suas expectativas;
- Sintam-se à vontade para modificar, acrescentar ou discordar sobre algum tópico do resumo acima.

Muito obrigado!

Atenciosamente,

Fulano de Tal.

O resumo enviado deixa tudo registrado e dificilmente deixará de ter resposta. O profissionalismo do vendedor deverá ser reconhecido. O cliente se sentirá comprometido e dará andamento ao caso. Esse resumo poderá ser encaminhado a várias áreas da empresa do cliente e do vendedor. Servirá como uma espécie de backup[46]. Na pior das hipóteses, o vendedor, seu presidente e a empresa terão causado uma boa impressão, a de que são profissionais e representam uma empresa com a qual vale a pena manter contato.

---

[46] Cópia de segurança.

RELACIONAMENTO COM O CLIENTE

Um cliente que conhece apenas o vendedor da empresa fornecedora, assim como o vendedor que conhece apenas o comprador da empresa cliente, corre sérios riscos de perder cem por cento de seu relacionamento com a outra parte num piscar de olhos.

Pessoas crescem nas empresas, mudam de cargos, saem de férias ou viagens, ficam doentes, se aposentam, são demitidas ou mudam de emprego. Jamais um negócio pode depender de uma única pessoa dentro de uma empresa.

Lembro-me que conhecia bem um representante comercial de peças fundidas em bronze. Ele tinha uma única representação e um único cliente. Ele fazia uma viagem de carro de cerca de 400 km a cada mês, se dedicava em média dois dias para o seu negócio e ficava de folga o restante do mês. Ele me esnobava, já que ganhava mais do que eu e trabalhava muito pouco.

Um dia, aquele mar de almirante dele poderia acabar mal. Certa vez, viajei com ele para conhecer o seu cliente. Chegando lá, o diretor industrial convidou-nos para visitar uma nova área da produção, onde haviam realizado investimentos. Era uma fundição de bronze de primeira linha. Meu amigo perdeu seu único cliente e em seguida a representada, pois não havia outros clientes disponíveis na praça para ele atender. O comodismo dele cobrou seu preço. O vendedor que não quiser sair da zona de conforto deve mudar de profissão.

Do ponto de vista do vendedor e de sua empresa, é estratégico aumentar o relacionamento com o cliente. Isso acontece com um esforço para conhecer mais pessoas na lateralidade (a amplitude lateral) e na vertical, tanto para cima quanto para baixo.

Em várias empresas, principalmente as de empreendedores, são os donos que dão a palavra final sobre uma compra. O comprador formaliza o que o dono decidir. Mesmo que não seja assim, é fundamental ter contato com a alta direção. A sua empresa terá vantagem competitiva se souber compreender a estratégia de seu cliente e seus planos de curto e longo prazo. Essa informação só é obtida com a diretoria.

Conhecer outras pessoas do departamento de compras, da engenharia, do P&D[47] e da manutenção, dentre outras, só irá aumentar os elos entre fornecedor e cliente. Isso é benéfico para ambos. Trata-se da amplitude lateral.

Os níveis mais baixos da hierarquia organizacional podem ser os responsáveis pelo seu êxito ou fracasso como fornecedor. Se você levar uma amostra para ser testada pelo cliente, e conhecer o supervisor e o operador que farão o teste, será meio caminho andado para que consiga a aprovação da amostra, desde que essa atenda aos requisitos exigidos.

Se o vendedor for um sujeito que não se relaciona bem com todos, perde oportunidades de obter informações úteis. O porteiro, a secretária, o assistente de compras, o pessoal da produção, todos sabem de algo que pode ser útil. Que fique claro que não estamos falando de informações confidenciais, pois comportamentos antiéticos são sempre desprezíveis.

---

[47] P&D é a área de uma empresa que faz pesquisa e desenvolvimento de produtos. Em inglês chamam de R&D, *Research and Development*.

MIRANDO NO CORAÇÃO
DO CLIENTE

Em minha vida profissional à frente da gestão, gostava de perguntar aos vendedores se eles trabalhariam nos próximos cinco ou dez anos do mesmo modo que trabalhavam na época, no sentido da técnica de venda empregada por eles. Na negativa, a pergunta seguinte era óbvia: por quê? Uma resposta provável seria que o mundo está mudando muito rapidamente e o que o contra-ataque bateria na tecla da mudança inevitável. Isso justificaria o abaixar da guarda para novas ferramentas, novos conceitos de vendas, ou seja, para os novos tempos.

Poderia ainda perguntar se eles estavam usando a mesma metodologia de vendas que usavam há dez anos. Se a resposta fosse afirmativa, eu lhes diria que já era tempo de conhecerem novas técnicas, pois os compradores se profissionalizaram e estudaram novas formas de realizar o discurso, com réplica e tréplica.

Em uma das minhas atividades, fui o dono de um escritório de representações. Aprendi muitas coisas, algumas delas me "ferindo" seriamente. Recordo de ter vislumbrado uma oportunidade de conseguir uma representação de um produto que tinha potencial colocação no mercado em que eu atuava. Havia só um fornecedor aproveitando esse momento, e eu havia descoberto um candidato a concorrente, uma multinacional americana.

Eu, muito jovem e inexperiente naquela época, liguei e solicitei uma entrevista visando me candidatar ao cargo de representante comercial daquela empresa em minha região de atuação. Ponderei que conhecia o mercado. Dias depois, após uma hora e meia de voo, me dirigi ao escritório da empresa com sede na região comercial de São Paulo. Fui atendido no horário marcado. Apesar da minha boa dose de arrojo, quando o diretor de vendas me viu, deve ter percebido uma fraqueza típica da juventude: a inexperiência.

A primeira pergunta após a fria apresentação foi a seguinte: "Qual o volume, em toneladas mensais ou anuais, do mercado que você disse conhecer"? Uma só pergunta bastou para me destruir. Eu não estava preparado para uma pergunta tão óbvia.

Posteriormente, quando estive na posição de contratante, muitas vezes fazia essa mesma pergunta. Raramente algum vendedor sabia precisar a dimensão do seu mercado. O que eu experimentava, não era um sentimento de revanche, mas de redenção.

Esse é um exemplo que elucida uma das boas práticas da ferramenta de vendas que abordaremos a seguir, e que requer um aprofundamento nas questões do cliente e do mercado. Implica em se ter acesso a dados e obter informações, alcançando o conhecimento. Só ele pode levar à adoção de estratégias alinhadas ao grande objetivo da organização. Isso é inteligência empresarial, no caso, aplicada à área comercial. Atualmente, a obtenção de informações é exequível. Boa parte delas está na grande rede.

A dificuldade do cliente, aqui vista como oportunidade de negócios, passa a ser tratada como prioritária. O vendedor, ao desenvolver soluções para o cliente, estará agregando um valor cujo reconhecimento se dará pelo fechamento do pedido. A mira deve estar apontada para o centro do alvo: o coração do cliente.

Empresa Gama

A direção da empresa tem verificado um declínio preocupante de suas vendas (o caso se aplica a qualquer tipo de atividade) e resolve convocar sua equipe comercial para entender as dificuldades. Os diretores acham que algo está escapando de sua compreensão, mas não sabem o que é.

Na reunião com o pessoal comercial, chegam ao consenso de que os produtos estão mesmo muito caros. Os exemplos de pedidos perdidos formavam uma "palheta" com inúmeras variantes de uma mesma "tonalidade": o preço. Já os pedidos fechados continham apenas o "diluente" promoção. Diante desse cenário, que parecia não ter solução, a direção vislumbrava o pior para a empresa a médio e longo prazo. A empresa estava a ponto perder sua clientela e o *marketshare*, ficando praticamente impossível recuperá-lo.

Um dos diretores lembrou-se de uma empresa de treinamentos que já havia lhe apresentado um programa que nada tinha em comum com as soluções vazias e de títulos milagrosos como: "Fique milionário em 999 lições".

Tempos depois, decidiram contratar a empresa. O treinamento seria para a equipe de vendas e seus agregados, ou seja, todos os que lidavam de alguma forma com o cliente, inclusive os que não apareciam na estrutura do organograma de vendas. Assim, o pessoal de Pesquisa & Desenvolvimento (P&D), da Assistência Técnica ao Cliente (ATC), do Serviço de atendimento ao Cliente (SAC) e toda a direção deveriam participar do treinamento.

A sala de convenções de um hotel próximo foi alugada com equipamentos de audiovisual. A cada grupo de cinco participantes foi destinado um dos famosos cavaletes, conhecidos como *flipcharts*, e um par deles também foi destinado aos facilitadores. Foram dois dias de intenso treinamento em "Vendas que miram no coração do Cliente".

Após a direção ter aberto o evento oficialmente, os facilitadores começaram seu trabalho. Queriam saber quais as expectativas dos participantes em relação ao treinamento. Depois, um facilitador contou sobre sua experiência e descreveu o motivo do evento. Foi frisado que era preciso haver um acordo entre as partes. Não seria permitido o uso de celulares ou computadores durante o treinamento, e os participantes deveriam evitar sair da sala. Respeitar todas as opiniões era mandatório. Digamos que foi apresentado um código de conduta mínimo. Na sequência, os facilitadores revelaram os objetivos do treinamento, que seriam quebrar o paradigma da venda de produto pelo preço e atentar na agregação de valor para o cliente, para a empresa e para si mesmos, consequentemente. Para isso, a forma tradicional de persuasão para tirar pedidos precisaria ser imediatamente revista, talvez até mesmo enviada para o arquivo morto. Estar receptivo às novas técnicas de vendas era condição *sine qua non*.

Então, o treinamento propriamente dito teve seu início. Foi comunicado ao grupo que havia um "longo corredor, com diversas portas bem fechadas no caminho" que deveria ser atravessado. Explicaram que só havia um meio de se chegar ao objetivo final, ou seja, no final do corredor. Para tal, seis portas precisavam ser abertas, uma por vez, e o espaço entre elas precisava ser percorrido atentamente. Uma porta posterior somente seria aberta se todas as anteriores já tivessem sido. Não havia como pular etapas.

A **Primeira porta** abre a mente para o novo conceito de vendas. Exige habilidades que operam a nossa mente, consciente ou inconscientemente, sendo simultaneamente ciência e arte. A mira no coração do cliente muda a estratégia do vendedor da venda de produtos para a de entrega de soluções que atendam e até surpreendam o cliente. Essa porta só consegue ser aberta se houver predisposição para a quebra de paradigmas, com o rompimento de conceitos fortemente arraigados ao longo do tempo.

Segunda porta: A do relacionamento. Todo vendedor precisa conquistar credibilidade ao fazer contato com o cliente. O foco na criação de um relacionamento deve ser alto, com as cordiais saudações ou apresentações, a troca de frases sobre tópicos gerais, sobre hábitos, temas do cotidiano, dentre outros. É o que chamamos de "quebra-gelo" empregado pela maioria dos vendedores. Nessa fase não há proposta para a solução de problemas e não se tiram pedidos, pois não se entrou em negociação ainda.

Alguns pontos que precisam de máxima atenção do vendedor nessa fase são: concordância, similitude, etiqueta, conhecimento, capacidade e razoabilidade. Os motivos para o estabelecimento desse novo relacionamento precisam ficar claros para que as partes percebam os benefícios mútuos. A atenção ao relacionamento, incorporando-se esses predicados é de vital importância.

Experiências anteriores mal resolvidas e o temor pelo desconhecido podem dificultar o êxito dos objetivos nessa fase. Uma boa técnica para causar empatia traz contribuição relevante a esse processo. Um vendedor preparado é aquele que pesquisou o mercado de atuação do cliente e de sua própria empresa antes da visita. O vendedor deve estudar as prováveis dúvidas do cliente e quais as respostas adequadas para elas. É muito importante que o vendedor destaque como sua empresa trabalha. A seguir, seguem algumas dicas importantes:

As perguntas devem ser dirigidas ao cliente para conhecer as suas perspectivas e não as do próprio vendedor. Ponha-se no lugar do cliente para perguntar. Eis alguns bons exemplos de pergunta: Se eu estivesse na sua posição, eu estaria me perguntando: "Como esse fornecedor poderia me ajudar a reduzir meus processos na fábrica?" Ou: "O senhor deve estar imaginando o que eu poderia oferecer para aumentar seus lucros que outros concorrentes ainda não ofereceram". Ou ainda: "Imagino que vocês devam ter pesquisado sobre a nossa empresa. Qual a percepção que tiveram sobre ela?"'. Dessa forma, o vendedor se antecipa, perguntando exatamente o que preparou adequadamente para responder. Repito novamente: o preparo para uma visita exige dedicação e treinamento. Se for uma visita de suma importância, é conveniente que o vendedor ensaie com um colega, fazendo um deles o papel do comprador e o outro do vendedor. Depois, deve ser feita a inversão dos papéis. O resultado desse teatrinho é surpreendente.

Terceira porta: Essa é a parte catalisadora do negócio, a pressão para começar a discutir o motivo pelo qual se veio. Só se consegue transpô-la se a porta anterior houver sido aberta, com a diminuição da importância do relacionamento. Para abrir a terceira porta, é necessária a elevação da questão catalisadora do negócio em si. Se ela for bem conduzida, tira a concentração do cliente comprador sobre o preço, que é o desejado pelo vendedor.

Até aqui, ainda não existe a compreensão do processo todo, por isso, este é o momento das indagações. De nada adianta ter um bom catalisador para alavancar vendas, se não houver o entendimento para o fechamento de pedidos. Para melhorar essa abordagem, é aconselhável descobrir qual é a situação atual do cliente e aquela por ele desejada. Esse vazio no meio representa uma valiosa oportunidade. Ele é a chance de se criar um senso de urgência e de elevar a tratativa para a ativação do negócio.

Para entender a lacuna vazia entre o que existe e o que é desejado, convém adotar a prática de pedir permissão para perguntar. Novamente: o preparo na antecipação de várias possíveis questões e respostas não deixará o vendedor mudo tal qual uma peça de decoração dispensável.

Os questionamentos devem ser adequados ao cargo do interlocutor. As perguntas a um CEO serão relacionadas às questões estratégicas, aos grandes investimentos, às macrotendências. Já as perguntas a um gestor operacional serão relativas à produtividade, ao custo da mão de obra, às falhas de qualidade, etc... A quem você perguntaria quais são os fatores imperativos para o sucesso de sua organização?

As pessoas não compram somente por razões emotivas ou lógicas. Muitas buscam poder e reconhecimento, mas também procuram soluções para necessidades prementes, tais como aumento da lucratividade, redução do custo, aumento de *marketshare*, etc.

Quanto ao tipo de pergunta, essa é uma abordagem extensa. Aqui será dada apenas uma amostra pequena das inúmeras possibilidades. Recomenda-se buscar informações para aprofundar-se nesse tema fundamental para o êxito nessa etapa.

Uma pergunta fechada é aquela cuja resposta esperada será um sim, um não, um número, um endereço ou o nome de uma pessoa. Ela é estritamente objetiva. Exemplo: Qual o seu faturamento anual? Por outro lado, uma pergunta aberta dá espaço para opiniões e exposição de sentimentos. Por exemplo: Qual o seu papel dentro da organização?

Pedir permissão revela uma atitude positiva: "Sei que sua explicação será importante para nós. Posso fazer anotações sobre isso?". Esse tipo de arguição faz com que o cliente não tenha a sensação de que está sob a manipulação do vendedor, pois se sente seguro ao se perceber como o detentor do poder sobre a conversação.

Um tipo de questionamento bem útil é o sonho do cliente. Ele ajuda a descobrir o que o cliente deseja e que ainda não é a sua realidade. Poderia se perguntar: "Se os recursos para adquirir uma máquina nova não fossem impeditivos, que tipo de máquina você gostaria de adquirir?" Dessa forma, a resposta indicaria determinada máquina, o que pode revelar-se uma informação pertinente. A resposta pode ensejar mais uma pergunta: "Você poderia explicar a razão desse tipo de máquina em especifico?".

Há um rol de possibilidades para se fazer perguntas de valor: "Como um aumento de 30% no giro de seus estoques poderia impactar nas finanças de sua empresa?" Se você descobrir que isso é muito importante para o cliente, e a sua empresa tem possibilidades de reduzir o prazo de entrega, bingo!

A habilidade de saber escutar o cliente é fundamental em qualquer etapa, mas nessa é crucial. Por isso é muito importante não interromper, não tirar conclusões precipitadas e deixar o cliente se revelar.

Quarta porta: a conexão de valor. Para o entendimento dessa etapa, eis um exercício para reflexão:

Na sua loja de celulares entra um senhor com um celular de marca altamente conceituada e famosa por sua fidelização. Ele começa a perguntar sobre os atuais modelos a venda. Você percebe que o dele foi lançado há mais de um ano. Que perguntas poderiam ser feitas para que esse senhor viesse a comprar o último modelo de outra marca, que é um sucesso de vendas?

Como o vendedor acredita já ter entendido os desejos e necessidades do cliente, o próximo passo é estabelecer um elo entre eles de forma a gerar valor para o cliente. Há o conhecimento dos pontos fortes do celular "sucesso de vendas", que podem ser explorados para o aproveitamento dessa oportunidade?

A *Quinta Porta* oferece a solução, enaltecendo os benefícios da provável negociação, de como será o funcionamento da questão acordada doravante.

Por fim, a *Sexta Porta* é a que dá acesso ao fechamento do negócio, o pedido. Aqui a habilidade do vendedor deve explorar os benefícios e superar as rejeições.

GANHOS E PERDAS
NA GERAÇÃO DE PEDIDOS

É bastante incomum ver as gerências de vendas prestarem contas das perdas de pedidos (insucesso na tentativa de tirar pedidos) e dos ganhos (êxito do pessoal de vendas). Ao se deparar com essas informações a partir de dados gerados pela equipe, o diretor de vendas toma conhecimento do quão profícuo é o processo de vendas da empresa.

A direção poderá analisar o volume de perdas e ganhos, avaliando caso a caso, para tomar suas decisões. O grande volume de perdas não necessariamente significa inabilidade do vendedor, entretanto, pode ser um sinalizador dessa condição. Talvez, a empresa não tenha inovado nos últimos anos, pode ser que seus preços estejam muito acima da média da concorrência ou que ela não tenha atrativos para apoiar a equipe comercial.

Nada melhor do que registrar e medir ganhos e perdas. Mais abaixo, segue uma sugestão de planilha sintética para acompanhamento mensal. O ideal é que cada vendedor tenha uma linha para cada um dos seus clientes. Com certeza, se a carteira do representante possui muitas centenas ou mesmo milhares de clientes, como ocorre com o telemarketing, a empresa disporá de um sistema que monitora o relacionamento com eles. Para os que não contam com uma ferramenta específica, segue uma proposta de planilha, a Tabela 15 e os Gráficos 6 e 7, a seguir ilustrados:

Tabela 15 - Acompanhamento Mensal - Ganhos e Perdas –20XX

	Meta Máxima de % Perdas	% Perdas ocorridas/ mês	Meta k$ de perdas máximas/ mês	k$ perdas ocorridas/ mês	k$ de ganho realizado/ mês
Jan	50	60	4.000	4.800	3.200
Fev	60	70	3.000	3.500	1.500
Mar	50	55	4.000	4.400	3.600
Abr	50	50	1.500	4.500	4.500
Mai	45	52	4.275	4.940	4.560
Jun	45	43	3.375	3.225	4.275
Jul	45				
Ago	45				
Set	45				
Out	45				
Nov	45				
Dez	45				
Total YTD			20150	25365	21635

Gráfico 6 - Ganhos e Perdas – Vendas

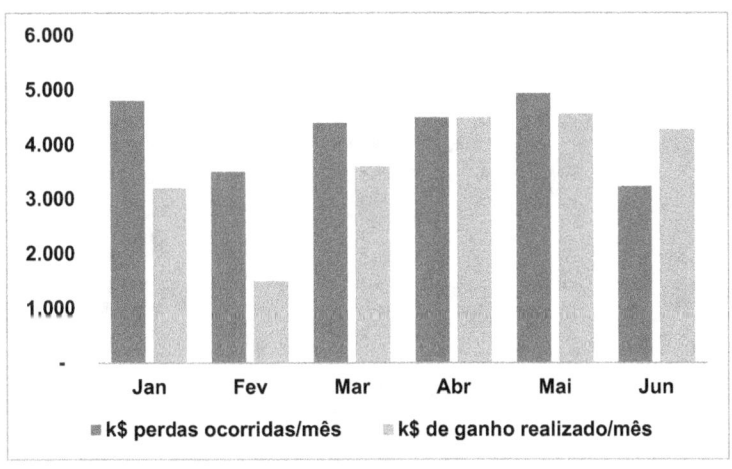

Gráfico 7 - Ganhos e Perdas Acumulados

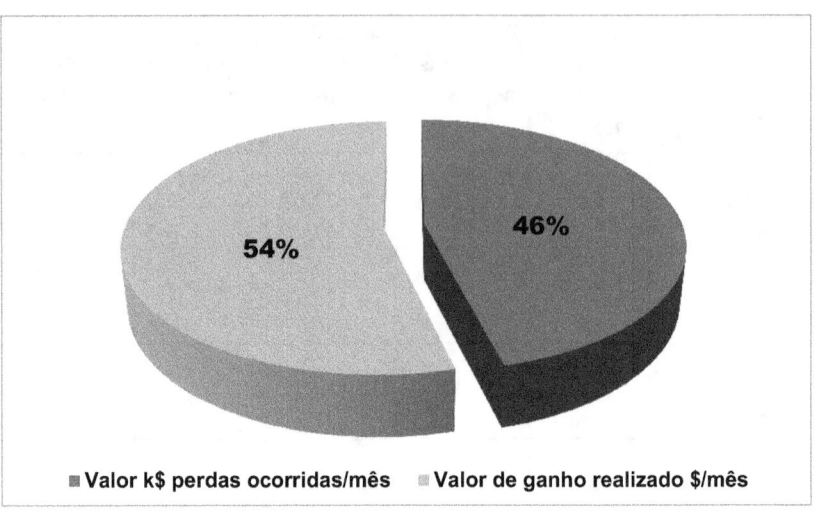

■Valor k$ perdas ocorridas/mês   ▪Valor de ganho realizado $/mês

CRM

Muitas empresas usam ótimas ferramentas para gerenciar o relacionamento com seus clientes. São sistemas integrados conhecidos como CRM (*Customer Relationship Management*). Há inúmeras marcas no mercado como *Salesforce*™[48] e *Pipedrive*™[49], por exemplo. Elas são ótimas para o planejamento e o acompanhamento do desempenho das equipes comerciais. O diretor de vendas consegue ver a foto completa, do potencial de vendas aos pedidos que estão para ser fechados ou que já foram. As oportunidades podem ser quantificadas e a performance de cada vendedor fica evidenciada pelo volume de oportunidades que acabam em negócios fechados. Nessas ferramentas, é possível importar planilhas de clientes com os nomes das empresas, dos contatos, e-mail, telefones e outras informações disponíveis.

Para empresas com atuação em diferentes regiões e com grande número de clientes e vendedores, recomenda-se fortemente a aquisição de um bom CRM. Fazendo uma analogia, foi-se o tempo que o vendedor era somente um extrovertido, simpático e bom de conversa. Sim, o processo de venda tem um componente de arte, mas adquire, cada vez mais, aspectos científicos, com uso de ferramentas e métodos mais modernos.

Vender requer conhecimento, planejamento, controle e medições. Sem isso, como saber se o desempenho é adequado ao potencial do mercado existente? Como saber a taxa de sucesso de um vendedor ou mesmo das vendas da empresa como um todo? E até mais do que isso, as vendas da empresa estão equiparadas com o alcançado pela concorrência?

Uma prática do mercado é usar a figura de um funil. A parte superior (maior diâmetro) engloba o universo de clientes de certo mercado, abaixo dessa vêm nesta ordem: os potenciais clientes para contato, os já contatados, as oportunidades e, por fim, as oportunidades que geraram negócios, os que de fato se tornaram clientes.

---

[48] https://www.salesforce.com/

[49] https://www.pipedrive.com/

O Gráfico 8 nos mostra, sem complicação, duas variáveis: número de clientes potenciais e o valor que esse negócio pode representar para o vendedor.

Gráfico 8 - Contatos

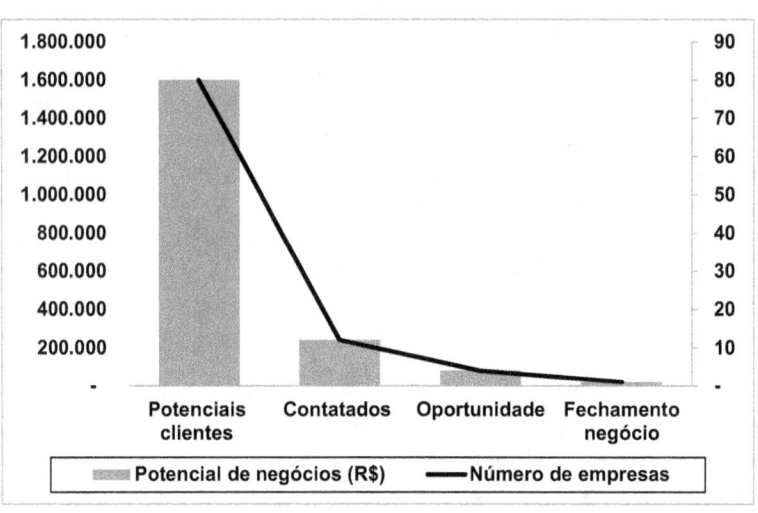

Para quem não quiser ou não puder contratar assinaturas dos sistemas profissionais de CRM, assim como para os que não têm necessidade de uma ferramenta tão poderosa pois seu negócio é pequeno e não lida com muitos clientes, a recomendação é a elaboração de uma planilha *Excel*. Com ela podem ser criadas tabelas e gráficos dinâmicos onde você seleciona o que quer ver, tanto nas linhas como nas colunas.

Cada um pode fazer sua própria planilha, o que não requer conhecimentos avançados. No início, quem ainda não tem facilidade de lidar com o *Excel* pode pedir ajuda, pois sempre vai haver algum colega ou amigo com conhecimento suficiente para isso. Porém, fica a dica: está mais do que na hora de aprender a usar planilhas.

Há treinamentos *online* grátis, mas o segredo é dar um mergulho na ferramenta do *Office* e tentar criar, inicialmente, alguns modelos mais simples. O próprio *Excel* tem um tutorial que ajuda bastante no aprendizado. No *Youtube*™ também há inúmeros vídeos que são grátis, por enquanto. Abaixo, apresentamos a Tabela 16 para incentivar quem quiser criar ou copiar essa maneira simples de obter uma ferramenta de gerenciamento de vendas.

Tabela 16 - Gerenciamento do Relacionamento com Clientes

CLIENTE	CIDADE	UF	SETOR	NEGÓCIO	CONTATO	FONE	E-MAIL	ESTÁGIO	R$	AÇÃO	DATA	CONCLUSÃ
C&Assets	Rio de Janeiro	RJ	Serviços	Financeiro	Paulo Moore Sales	51-0000.0000	paulo@C&A.com	Proposta feita	R$ 20.000,00	Pegar aprovação	10/11/2017	Perdido
Casual Calçados	Belo Horizonte	MG	Com.	Varejo				Potencial				
Clínica G.Wealth	Belo Horizonte	MG	Serviços	Saúde				Potencial				
Importadora XLS	Imbituba	SC	Com.	Alimentos	César C. Silva	48-0000.0000	ccsilva01@gmail.com	Potencial				
Magazine Estrela	Belo Horizonte	MG	Com.	Eletrodomésticos				Potencial				
Moda & Estilo	Novo Hamburgo	RS	Ind.	Calçados	Mauro Hartz Neto	51-0000.0000	neto@modaestilo.com.br	Contatado	R$ 80.000,00	Agendar visita	30/04/2018	Aberto
NAT Confecções	Belo Horizonte	MG	Ind.	Vestuário	Robert W. Carter	31-0000.0000	direcao@nat.ind.br	Contatado				
Químicos Finos	São Paulo	SP	Com.	Químicos	Leila Gotlieb	11-0000.0000	Leila.gotlieb@qf.com.br	Cliente	R$ 32.000,00	Pegar aprovação	11/11/2017	Fechado
Rallytor	Belo Horizonte	MG	Ind.	Máquinas				Potencial				
Supermercado Silva	Belo Horizonte	MG	Com.	Varejo				Potencial				
Varejo de Presentes	Belo Horizonte	MG	Com.	Varejo	Arnaldo W. Madeira			Potencial				

Tabela 17 - Gerenciamento do Relacionamento com Clientes - Seleção dos Potenciais

CLIENTE	CIDADE	UF	SETOR	NEGÓCIO	CONTATO	FONE	E-MAIL	ESTÁGIO	R$	AÇÃO	DATA	CONCLUSÃO
Casual Calçados	Belo Horizonte	MG	Com.	Varejo				Potencial				
Clínica G.Wealth	Belo Horizonte	MG	Serviços	Saúde				Potencial				
Importadora XLS	Imbituba	SC	Com.	Alimentos	César C. Silva	48-0000.0000	ccsilva01@gmail.com	Potencial				
Magazine Estrela	Belo Horizonte	MG	Com.	Eletrodomésticos				Potencial				
Rallytor	Belo Horizonte	MG	Ind.	Máquinas				Potencial				
Supermercado Silva	Belo Horizonte	MG	Com.	Varejo				Potencial				
Varejo de Presentes	Belo Horizonte	MG	Com.	Varejo	Arnaldo W. Madeira			Potencial				

A aplicação de filtros, caso da Tabela 17, torna a visualização do que se quer ainda mais prática e objetiva. Já a tabela dinâmica permite cruzar os dados segundo agrupamentos selecionados por colunas e linhas, facilitando a observação de um ponto específico que se queira examinar. Na Tabela 18, a coluna "conclusão" permite conhecer o andamento dos negócios, segundo a classificação dos pedidos em abertos, fechados e perdidos.

Tabela 18 - Tabela Dinâmica

Soma de R$	Rótulos de Coluna			
Rótulos de Linha	Aberto	Fechado	Perdido (vazio)	Total Geral
C&Assets			20.000	20.000
Moda & Estilo	80.000			80.000
Químicos Finos		32.000		32.000
(vazio)				
Total Geral	80.000	32.000	20.000	132.000

Também podemos gerar gráficos dinâmicos de uma planilha Excel. A seguir, o Gráfico 9 retrata os valores de negócios fechados (clientes), de clientes potenciais (leads) e dos clientes contatados que já receberam propostas. Para quem gosta de detalhar ainda mais, as propostas feitas podem ser classificadas segundo o grau de probabilidade de fechamento do negócio segundo a expectativa do vendedor. Os graus de probabilidade seriam alta, média e baixa.

Gráfico 9 - Valores por Estágio

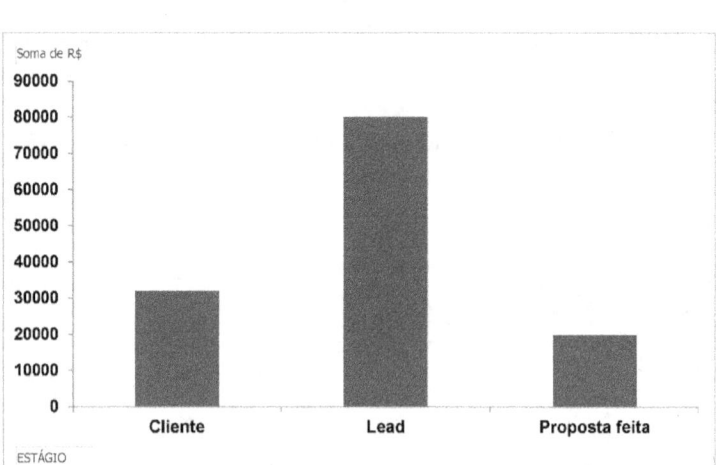

Capítulo 5
PRODUÇÃO

A produção de uma indústria quase sempre lida com indicadores relacionados à produtividade, como os números de peças produzidas, de horas trabalhadas, de peças defeituosas, de acidentes de trabalho (o indicador mais importante de todos), dos desperdícios gerados, os relativos ao desempenho da manutenção corretiva, aos treinamentos de processos, entre outros. Já a produção em um escritório de profissionais liberais é medida pelo número de clientes contatados, pela taxa de adesão, pelos valores monetários gerados, dentre outros possíveis. Neste capítulo, serão desenvolvidos conteúdos mais genéricos, importantes, na visão desse autor, por criarem reflexos nos indicadores acima citados. Para tratar de todos esses indicadores seria preciso uma obra à parte. Dessa forma, serão tratados apenas três indicadores: o **tempo de entrega de pedidos**, um dos mais importantes em uma organização e por vezes tão maltratado, a **segurança do trabalho**, sempre uma prioridade na gestão e os **5S**, responsável por criar um ambiente limpo, organizado e que dá prazer a quem nele dedica suas horas de trabalho.

"LEAD TIME"

O intervalo de tempo entre o recebimento do pedido de compra do cliente e o momento em que ele recebe o que comprou é o que se chama de *lead time*. Em outras palavras, é o intervalo de tempo entre o início de uma ação até o momento em que as expectativas geradas por ela são atendidas. Também podemos dizer que é o tempo consumido para realizar algo.

Em uma indústria, a maior parte do intervalo de tempo entre o recebimento de um pedido e a sua entrega ocorre na produção. Toda empresa deve controlar seu próprio lead time, que começa no momento em que recebe uma ordem de produção e termina no momento da entrega do produto no depósito da empresa, a expedição (armazém).

Do ponto de vista do cliente, o que lhe interessa é quanto tempo vai levar para ele receber aquilo que comprou. Deve-se atentar para um detalhe importante: o tempo transcorrido entre o fornecedor e o cliente. A área de logística ganha importância nessa hora. Se a empresa produtora assume a entrega na porta do cliente, o tempo de trânsito conta no lead time. Se o cliente retira a mercadoria na porta do fornecedor, o lead time vai até o momento em que a empresa disponibiliza o pedido para retirada.

Se uma indústria recebe o pedido no dia 10/janeiro, leva dois dias com suas rotinas internas (lançamentos, aprovação de crédito, emissão da solicitação para ser produzido), a produção precisa de sete dias para produzir e disponibilizar o produto, e a empresa precisa de mais um dia para entregar o pedido no cliente, o lead time total é de dez dias corridos. O cliente pode se preparar para receber o pedido no dia 20/jan. Será que a concorrência consegue entregar em menos tempo, tendo uma vantagem competitiva nesse quesito?

Toda organização deve focar esse indicador e atuar para o cumprimento da meta. No exemplo acima, o prazo de dois dias consumidos na burocracia para liberar a solicitação para a produção precisaria diminuir. Uma análise das causas responsáveis por tanta demora deveria ser realizada. Se esse tempo cair em um dia, o lead time total, para o cliente, seria de nove dias, gerando 10% de redução do indicador. E se a produção diminuir o seu próprio lead time em um dia, o cliente passará a contar com oito dias e não mais com dez ou nove. Isso é uma diferença considerável (20% de redução).

Como, ao final, tudo se reflete no fluxo de caixa, os recebíveis da venda a prazo se darão com dois dias a menos, diminuindo a necessidade de capital de giro. Além do benefício financeiro, o cliente poderá diminuir seus estoques do fornecedor em questão, já que receberá mais rapidamente seus pedidos. Típico caso de percepção de valor.

Loja de Áudio e Imagem HTH

A HTH trabalha com revenda de produtos eletrônicos de audiovisual, e seus fornecedores ficam na Ásia. Um cliente liga e solicita uma visita técnica para avaliar a instalação de um sistema de som e imagem (*home theater*) em sua nova e luxuosa residência. Os técnicos da HTH fazem o projeto, segundo o desejo do cliente. Há um problema com relação ao prazo, pois o cliente gostaria de se mudar em 30 dias já com tudo pronto. Depois da mudança, ele não quer realizar mais obras e instalações em sua propriedade.

Como o projeto é especial, a HTH terá que fazer um pedido de compra para seu fornecedor asiático. O fabricante pede 20 dias de prazo para despachar o produto após a confirmação do pedido, o que ocorre somente após o recebimento dos valores correspondentes. Além do *lead time* do fornecedor de 20 dias, a HTH vai consumir algum tempo para obter a licença para a importação do seu pedido, ter o valor da compra disponibilizado em sua conta bancária e enviar uma remessa internacional ao fornecedor. O banco pede 48 horas para processar a transferência. Assim, o tempo total para o envio do comprovante da remessa e a confirmação do recebimento pelo fornecedor em seu banco é de 5 dias. Só então, começa a contar os 20 dias que o fornecedor pede para despachar a mercadoria, que virá por via aérea. Lá se vão 25 dias, e o pedido ainda não terá sido recebido. Para o translado e o desembaraço da mercadoria junto às autoridades alfandegárias são gastos 5 dias, sendo bastante otimista. Considerando que ainda levará mais 1 dia para a HTH receber a encomenda em sua loja, o tempo total gasto será de 31 dias.

Segundo essa previsão, transcorridos 31 dias, o cliente ainda não teria recebido nada, enquanto o que deseja é já ter o controle na mão e poder ligar seu som e sua televisão. No entanto, serão necessários mais dois dias para realizar a instalação. Agora sim, o ciclo se completa. Logo, seu lead time será de 33 dias, para a entrega do produto e do serviço completo. Dessa forma, a HTH terá que informar ao seu cliente que precisará de 33 dias para entregar o produto instalado. O difícil será convencer seu cliente a esperar mais três dias para se mudar. Outra alternativa seria convencer o fornecedor asiático a reduzir o seu lead time em três dias, pelo menos.

SEGURANÇA NO TRABALHO

Em 2011, viajei aos EUA para assistir uma conferência do CEO da empresa da qual eu era diretor no Brasil fazia poucos meses. Era minha estreia naquele tipo de evento. Todos os gestores das diferentes regiões do mundo que não estivessem presentes seriam obrigados a assistir a conferência pela internet.

Chamou-me a atenção o fato do primeiro assunto tratado ter sido a apresentação do número de acidentes ocorridos no trimestre. Soube depois que era de praxe tratar desse tema logo no início, afinal, o que poderia ser mais importante do que o trabalhador regressar para sua casa sem qualquer lesão laboral?

A empresa se preocupava tanto com essa questão que nós, os diretores, tínhamos o prazo de 24 horas para ligar pessoalmente para o vice-presidente global de operações, informando qualquer acidente de trabalho ocorrido naquela indústria. Isso deixava todos os diretores apreensivos, pois o que se ouvia, então, não era nenhum afago. A empresa tinha uma política forte e treinava exemplarmente o seu quadro de funcionários. Ela queria se manter sempre entre as melhores empresas americanas nesse quesito.

Existe a questão de obediência às leis, normas e regulamentos internos, da qual as empresas não escapam. Porém, o ideal é que as empresas tenham programas que possam ir além dessas exigências legais. O indicador de número de acidentes por mês só pode ter uma meta: zero. Existem dois segredos para se atingir essa meta: o primeiro é o comprometimento da direção. Sem que isso seja verdadeiro e permanentemente comunicado aos funcionários de todos os escalões, não haverá plano de segurança de trabalho eficaz e, menos ainda, duradouro. O segundo segredo é o treinamento. Sim, muitas horas devem ser dedicadas aos treinamentos, havendo sempre a revisitação de temas já transmitidos ao grupo.

Um ótimo indicador é o número de horas de treinamento em segurança do trabalho por funcionário, devendo ser estipulado um mínimo de horas por trabalhador independentemente da média. Não adianta dar vinte horas de treinamento para um operador de empilhadeira, e zero para o outro, ainda que a média de dez horas ficasse dentro da meta. Agora que você conhece os dois segredos, resta disseminar a ideia criando uma cultura interna exemplar de segurança no trabalho.

O Programa 5S

Faz muito tempo que se fala do programa 5S. Ele surgiu no Japão, logo após a Segunda Grande Guerra Mundial, quando o país ficou destroçado e as carências eram de toda ordem. O país precisava se reerguer, criando competitividade para suas organizações. Porém, mais do que isso, era necessário dar moral aos seus trabalhadores. O sucesso foi tão grande que, até hoje, as empresas do mundo inteiro aplicam esse programa.

O programa 5S é conceitual. Ele só funciona se sua filosofia estiver arraigada na organização e o alto escalão abraçar a sua causa. O convívio entre as pessoas melhora, o ambiente de trabalho se torna mais prazeroso e, o melhor de tudo, ele também mexe na vida das pessoas, pois seu conceito é levado para casa.

O nome 5S se deve às suas palavras serem iniciadas com a letra "S" no idioma japonês. Para facilitar sua compreensão, se convencionou relacionar a palavra senso a cada uma delas. Assim, podemos compreender os 5S da seguinte forma:

— (1º S) *Seiri*: Senso de Utilização;

— (2º S) *Seitou*: Senso de Organização;

— (3º S) *Seisou*: Senso de Limpeza;

— (4º S) *Seiketsu*: Senso de Higiene;

— (5º S) *Shitsuke*. Senso de Disciplina.

Lembro-me de ter recebido a visita do vice-presidente global de operações de uma corporação americana e de ter comentado, com muito orgulho, sobre o sucesso da implantação do programa 5S em uma das unidades fabris da nossa organização. Ele colocou a mão no meu ombro e disse que sua corporação trabalhava com o conceito do 6S. O sexto S era o de segurança no trabalho. Um item específico sobre esse tema é uma boa prática. Aceito e incorporado.

Há gente que fala em 7S, 8S, e em muitos mais S. No entanto, o 5S praticamente resume tudo, se for bem aplicado.

No Brasil, o 5S foi bastante disseminado entre as pequenas empresas pelo SEBRAE[50] na década de 1990. Tinha um nome especial, D'OLHO, que era uma adaptação a cada senso do programa, facilitando sua memorização.

O D'OLHO contava com cartazes, livretos e vídeos. A instituição agregou muito valor ao mercado com esse excelente trabalho. O nome D'OLHO vinha de **D**escarte, **O**rganização, **L**impeza, **H**igiene e **O**rdem Mantida.

Em uma empresa, a apresentação do programa 5S ou D'OLHO deve ser feita pela diretoria. É preciso explicar o que é o programa, seus objetivos, como ele é aplicado e o cronograma de suas atividades.

O primeiro S, diz respeito ao senso de **utilização** e é muito fácil de ser compreendido. Se um item qualquer, como um material ou ferramenta, não for mais usado, ele deve ser segregado a um espaço de descarte. Talvez, algum outro setor possa se interessar pelo item segregado na área de descarte. Se ninguém for usá-lo, ele poderá ser vendido, doado, encaminhado para reciclagem ou, em último caso, para a central de resíduos. Jamais um descarte deve ser colocado em um terreno baldio, o que já vi acontecer e é lamentável.

Agora que várias áreas ficaram desobstruídas, deverão ser organizadas. O segundo S é referente à **organização**. Cada peça do almoxarifado, cada arquivo de escritório, cada máquina de uma fábrica, tudo deve estar identificado. Se o item for muito manuseado, deve ficar em lugares acessíveis e, se é utilizado apenas ocasionalmente, pode ficar na parte mais alta da prateleira, se for o caso. É importante padronizar as identificações para que o ambiente não fique parecendo um fliperama.

Na sequência, todos, inclusive a direção, arregaçam as mangas, se protegem com luvas apropriadas e fazem um mutirão de limpeza. O terceiro S está relacionado à **limpeza**. Pintar paredes, renovar faixas de segurança e marcações de extintores de incêndio, tudo isso se constitui uma boa prática do senso de limpeza. Empresas com muita área podem contratar terceiros especializados em limpeza industrial, que utilizam aspiradores de pó, máquinas para lavar piso e tudo o que for necessário para deixar o ambiente

---

[50] http://www.sebrae.com.br/sites/PortalSebrae/artigos/d-olho-na-qualidade-5s-para-os-pequenos-negocios,1985438af1c92410VgnVCM100000b272010aRCRD

limpo. Passados alguns dias do evento, cabe à direção visitar todos os banheiros da empresa a fim de verificar a manutenção da limpeza feita.

O quarto S diz respeito ao conceito de **saúde**, de higiene pessoal, de asseio. O refeitório é um ambiente que exige que todos tenham essa preocupação. Os banheiros também, pois limpos evitam a propagação de doenças.

O quinto S é o mais difícil de ser trabalhado. Ele se refere à **disciplina** que deve ser exigida e incorporada por cada um, sob pena do programa não se manter. Uma recomendação para alcançar o êxito nessa fase é realizar auditorias internas sobre o programa. Criar e divulgar uma pontuação e premiação para quando a ordem for mantida também é uma ótima prática. A experiência de ter aplicado esse programa inúmeras vezes me permite dizer que o comum é ele começar bem, com todo mundo comprando a ideia. Alguns ficam bastante entusiasmados e até aplicam o conceito em suas casas (guarda-roupas, armários, ferramentas, calçados, etc...). Entretanto, depois de um tempo, o ímpeto é perdido e o programa se esvai. Rapidamente, o ambiente volta a ser o que era antes. Sem favor algum, se o programa for um sucesso, muito do mérito deve ser creditado à liderança maior da empresa. Afinal, a aplicação do 5S permite enxergar "a cara do dono".

Capítulo 6

RECUROS HUMANOS

(RH)

DINÂMICAS OU ATIVIDADES DE GRUPO

Os gestores de RH vibram quando têm a possibilidade de realizar dinâmicas de grupo. Essas atividades visam melhorar o engajamento da equipe, detectar pontos de liderança positivos e negativos, etc. O simples fato de levar os funcionários para uma atividade diferente de sua rotina de trabalho e de treinamentos técnicos já merece um destaque. Essas atividades propiciam o exercício do reconhecimento pelos colegas e, por que não, da direção. Outro benefício é propiciar momentos de diversão, tão necessários para aliviar as tensões do dia a dia.

Embora haja ampla oferta de dinâmicas de grupos em livros e na internet, tenho a audácia de apresentar algumas dinâmicas que criei durante minha vida de empreendedor. Elas foram marcantes, não só pelos eventos em si, mas pelo testemunho espontâneo de ex-funcionários em encontros casuais muitos anos depois daqueles eventos.

Espero que o leitor possa aplicar ou sugerir algumas dessas ideias na sua empresa, na certeza dos benefícios que elas trarão. A criatividade conta muito nesses casos. Se o leitor se sentir encorajado a criar suas próprias ferramentas, desde que acrescentem algo de valor aos funcionários e à empresa, será muito bom!

Centros de interesses

Boa parte das atividades a seguir foi aplicada em minhas empresas. Garanto que o resultado é ótimo. Passados muitos anos, encontro eventualmente com ex-funcionários que se lembram como aqueles eventos eram prazerosos. Então, seguem algumas sugestões:

A empresa poderá se dirigir a algum sítio particular ou parque público que tenha instalações adequadas às práticas de um "rali de habilidades". O objetivo é proporcionar um ambiente descontraído para que as pessoas mostrem suas habilidades e revelem o que gostam ou gostariam de fazer e aprender.

É uma boa oportunidade para se enxergar novas lideranças. O grupo também fica surpreso ao conhecer habilidades em seus colegas. A integração das pessoas, inclusive com colegas de diferentes áreas e rotinas de trabalho, é outro grande ganho.

Esses encontros podem ser agendados para um sábado a cada mês, trimestre ou semestre. Pelo menos uma vez ao ano, essa atividade deve ser realizada. O mais recomendável é que não ocorram demais, nem de menos. Mudar algumas vezes o local dos encontros pode ser interessante.

Quando um colaborador desejar participar de uma atividade que não é de seu conhecimento, deverá receber instruções. Assim, alguém que queira jogar xadrez, mas não saiba, receberá um treinamento básico que o habilite a jogar com iniciantes.

Os indivíduos ou equipes que se destacarem deverão receber algum tipo de reconhecimento, como uma premiação aos destaques do mês. No final do ano, também pode ser oferecido um prêmio especial aos destaques da temporada. Lembro-me de um campeonato de bocha que uma empresa nossa fazia. No final, entregávamos troféus aos vencedores, que se sentiam orgulhosos do feito e os mantinham nas prateleiras das salas de suas residências.

As atividades podem variar a cada evento, focando em modalidades afins. Em um momento, pode ser feito um torneio de atividades esportivas de equipe, como voleibol e handebol. Em outro, pode ser realizada uma trilha com equipes de quatro pessoas, que poderá conter sinalização da direção a ser seguida.

Quem foi escoteiro conhece bem esse tipo de exercício. Atenção especial deve ser dada à segurança. A presença de água natural para banho sempre pode significar um risco para os mais abusados. Portanto, as regras devem ficar muito claras para os grupos participantes. As lideranças dos grupos desempenham um papel fundamental para o sucesso da missão. O respeito e a admiração pelo meio ambiente devem ser o foco dessa atividade.

Também pode ser feita uma competição das melhores fotos temáticas como de animais silvestres ou de flores. Áreas rurais com rios ou lagoas são privilegiadas pela diversidade de sua flora e fauna. Inúmeros pássaros, anfíbios, répteis, insetos e mamíferos que não são comuns nos centros urbanos, podem ser observados nessas áreas.

Como todos têm celulares, não há um limitador de equipamentos. O que vai contar na escolha das melhores fotos é a luminosidade, a criatividade, a sensibilidade, o foco e o objeto da foto em si. Essa atividade pode ser feita individualmente ou por equipes, principalmente se o grupo for muito grande. Cada equipe deve selecionar as três melhores fotos digitais para serem entregues à comissão julgadora. É uma atividade que não requer investimentos e é muito simples de ser realizada. Não é preciso ter conhecimento prévio de fotografia. O resultado é surpreendente, ainda mais quando as fotos são projetadas em um telão.

Outra tarefa pode ser a criação de um quadro, pintado pelos membros das equipes, que retrate a natureza observada na trilha, como uma paisagem, um pássaro ou outro animal qualquer, uma árvore ou mesmo uma simples flor.

Para outro sábado, podem ser organizados torneios de jogos individuais que exijam habilidades intelectuais, como xadrez, dama, moinho e tantos outros. Atividades culturais são igualmente importantes e deveriam merecer espaço na agenda dos organizadores. Visitas a museus, bibliotecas e memoriais são exemplos que podem ser usados. Ao final, cada um faz uma breve redação sobre aquilo que mais lhe chamou a atenção ou gostou. Premiam-se as melhores com ingressos para uma exposição artística, por exemplo.

Outra atividade recomendável é a de fazer visitas às entidades sociais e beneficentes da região como lar de idosos, escolas para crianças que precisam de atendimento especial e centros de reabilitação. Elas desenvolvem um senso de solidariedade nas pessoas. Esse tipo de atividade, infelizmente não foi realizado em nossas empresas.

O teatro desperta as habilidades que temos para nos comunicar. Exige memorização, expressão corporal, criatividade, capacidade de interpretar e de improvisação. O grupo de colaboradores pode ser dividido em elencos de cinco ou seis atores. O próprio RH pode sugerir o título de uma peça e um roteiro básico. Os "atores" deverão melhorar o texto, treinar e se apresentar ao grupo. Uma peça pode ser de apenas dez minutos, pois a preparação exige mais tempo. Uma empresa com muitos colaboradores, cada vez que organizar essa atividade, deverá convidar apenas algumas áreas. As que não participarem da "primeira edição" poderão ser convidadas para as próximas.

Trazer palestrantes convidados, sem custo, também costuma ser de grande benefício a todos. Em uma das empresas que dirigia, organizávamos anualmente a semana da qualidade. Lembro-me de termos convidado alguns enfermeiros do principal hospital da cidade para ministrarem uma palestra sobre primeiros socorros. Noutra oportunidade, convidamos um médico amigo para falar dos efeitos das drogas. No ano seguinte, ele voltou para falar sobre doenças sexualmente transmitidas. As perguntas dos presentes eram tantas que foi difícil fazer o encerramento das palestras.

Certa vez, convidamos bombeiros para falar sobre prevenção de incêndio. Especialistas do *SESI*[51] também palestraram sobre prevenção de acidentes de trabalho, com fotos e filmes que mostravam como pode ser severo um dano físico que poderia ser evitado com procedimentos, treinamentos e disciplina no uso dos equipamentos de proteção individual (EPI). Lembro-me ainda de uma palestra que costumávamos apresentar sobre educação financeira na qual mostrávamos o quanto uma pequena economia mensal poderia gerar resultados de longo prazo na aposentadoria de cada um.

Gincanas por equipes

Os organizadores devem planejar muito bem uma gincana, pois ela tem certa complexidade, já que reúne vários desafios para as equipes. Essas podem ser de quatro a quinze pessoas, de acordo com o número de participantes.

Cada tarefa deve ter um tempo para ser resolvida. Quem não conseguir cumpri-la, não soma ponto algum. As maiores pontuações são destinadas às equipes que gastaram os menores tempos concluí-la. Uma planilha deve ficar sempre exposta a todos

---

[51] SESI – portal da Confederação Nacional da Indústria (CNI). http://www.portaldaindustria.com.br/sesi/

os competidores e organizadores, a fim de que possam acompanhar os desempenhos de cada equipe. A comissão organizadora deverá escolher um grupo de arbitragem para decidir os conflitos que normalmente ocorrem.

A riqueza e objetividade das tarefas são cruciais para que todos se empenhem e se divirtam. É preciso que também sejam exequíveis. Uma tarefa impossível não faz o menor sentido. Porém, precisam ser desafiadoras. Algumas sugestões de tarefas:

— Trazer uma bandeira de um determinado estado, país ou de uma organização qualquer. A bandeira não pode ser confeccionada pela equipe, que deverá provar a sua origem;

— Apresentar a pessoa mais idosa, comprovadamente, e por que não, a mais jovem também;

— Encontrar um papagaio que cante pelo menos dois versos de uma música qualquer que não necessite ser censurada - essa é para descontrair o pessoal;

— Apresentar o objeto mais antigo, comprovando sua origem e autenticidade (não vale trazer de museus, senão alguns fósseis de dinossauros vão provocar grande discussão sobre a idade dos mesmos - só para descontrair...). O objeto deverá ser de alguma família;

— Tirar fotos da casa mais antiga da cidade e apresentar documentos comprobatórios da idade da mesma;

— Trazer a pessoa residente na cidade que fale fluentemente a maior quantidade de idiomas;

— Encontrar um desportista, ativo ou não, que detenha a medalha mais importante comparativamente. A nota máxima vai para uma medalha olímpica;

— Cada equipe deverá compor e apresentar uma música inédita, com letra, ritmo e melodia, sobre um tema sugerido pelos organizadores como felicidade, amor, emoção, etc.;

— Solucionar palavras-cruzadas;

— Resolver charadas em sequência. Uma charada resolvida direciona à próxima, e assim sucessivamente.

CAFÉ DA MANHÃ
COM O PRESIDENTE

Em uma pesquisa sobre clima interno para avaliação do grau de satisfação dos colaboradores a respeito de vários tópicos, lhes foi perguntado sobre a comunicação da empresa. Fomos mal avaliados nesse quesito. Os colaboradores disseram que não sabiam o suficiente sobre a situação da empresa e sobre seus planos para o futuro. Isso os deixava inseguros sobre a manutenção do emprego; também se sentiam desprestigiados, como se não tivessem a merecida importância.

Nós, sócios e diretores, tivemos de quebrar paradigmas e nos abrir mais com nosso pessoal (sobre o que era possível ser divulgado), afinal, eram eles, os funcionários que viabilizavam a operação. Eles tinham anseios, projetos de vida e, assim, era importante saber o que a cúpula pensava sobre o futuro da empresa. Para eles, isso não estava claro, o que os deixava intranquilos.

Resolvemos então reunir, oportunamente, todo o grupo de colaboradores para uma palavra da diretoria e dos gestores, a fim de comunicar fatos importantes como planos de crescimento, solicitação de melhorias, reconhecimento público ou simplesmente para agradecer pelo desempenho e êxitos alcançados. Eram conversas rápidas, com dez minutos no máximo, e que aconteciam bem no início da jornada, para não atrapalhar a produção. A linguagem era simples para que todos os níveis compreendessem a mensagem.

Outra iniciativa da direção foi colocar em prática uma atividade bem conhecida no meio empresarial, mas que raramente é exercida: o café da manhã com o presidente. Fizemos isso com os gerentes, gestores e alguns funcionários mais antigos. O presidente fazia um "balanço" da situação e lhes contava o que era possível ser contado, sobre o que a empresa planejava fazer, como investimentos em novas máquinas, abertura de uma filial, lançamento de novos produtos, treinamento externo a alguns colaboradores, dentre outros. No entanto, o mais importante era falar dos objetivos e metas a serem alcançadas, deixando claro que sem o comprometimento, em especial, das pessoas ali presentes, a empresa não seria exitosa.

Com essa atividade, os participantes se sentem integrados, têm oportunidade de expor suas ideias, de falar direta e informalmente com a alta direção. Assim, se sentem prestigiados e comprometidos. Isso, por si só, gera um resultado bastante positivo na equipe. Conhecemos empresas que adotam essa prática mensalmente; outras, apenas em certos momentos que entendem como cruciais. O importante é não permanecerem muitos meses sem essa interação e integração.

JORNAL INFORMATIVO INTERNO

Outra forma de melhorar a comunicação é criar um pequeno jornal informativo dentro da empresa com edições mensais. Essa ferramenta gera resultados surpreendentes. Na primeira vez que nossa empresa realizou uma "pesquisa de clima" (avaliação da satisfação interna dos colaboradores), o ponto mais negativo apontou para as falhas de comunicação. Os colaboradores não se sentiam devidamente informados pela direção, nem por seus gestores.

Uma solução que encontramos, e que muitas empresas já faziam, era editar um pequeno folheto com as comunicações necessárias como datas dos aniversariantes, uma palavra do diretor sobre as perspectivas gerais da empresa, etc.

Polinformativo

Em uma de nossas empresas, a elaboração e a edição do informativo interno eram realizadas pela gestora de qualidade. Ele era chamado de *Polinformativo* e sua frequência era mensal. O visual precisava ser bom, pois cópias eram afixadas nos murais da empresa. Em geral, o *Polinformativo* era composto por apenas duas folhas, frente e verso, e coloridas, um detalhe importante.

O conteúdo trazia a mensagem do presidente, os resultados atualizados dos indicadores de desempenho, o andamento da gestão de qualidade, dicas de saúde, de alimentação, além de matérias sobre os efeitos danosos do alcoolismo, do cigarro e de drogas ilícitas. Avisos de datas de vacinação infantil eram informações muito bem recebidas pelos funcionários que tinham filhos.

Outras informações que imaginávamos serem interessantes para os colaboradores, como comunicados internos, reconhecimento de pessoas ou áreas, palavras cruzadas, fotos dos eventos da empresa, calendários de atividades relevantes e outros tópicos também estavam presentes. Saudade do *Polinformativo*!

CALENDÁRIO DE ATIVIDADES

Uma empresa bem administrada se caracteriza por fazer planejamento. Esta é, aliás, uma das atribuições do administrador. Cabe à direção organizar um calendário para os eventos previstos para o ano que está prestes a iniciar. A elaboração desse calendário necessita do trabalho e envolvimento de uma equipe de gestores bem integrada.

O RH tem papel fundamental na comunicação dos feriados e das férias a vencer, para que nenhuma atividade importante deixe de contar com a presença dos colaboradores chave. Por exemplo, na Semana da Qualidade, todos os gestores precisam estar presentes. Já a área financeira deve contemplar, em seu orçamento anual, todos os gastos estimados com as atividades programadas. Uma convenção interna de vendas não pode coincidir com as datas das principais feiras do setor. Pode parecer desnecessário dizer isso, mas é comum vermos acontecer esses "contratempos" nas empresas.

O calendário deve ser comunicado, eletronicamente e através de murais espalhados pela empresa, a todos os seus gestores. As datas já ficam reservadas nos calendários digitais. A rotina de consultar, inserir e baixar compromissos no calendário é tarefa obrigatória de qualquer profissional. Hoje, a internet permite a interação do calendário do computador usado na empresa com o celular. Assim, não há mais desculpa que justifique o esquecimento de algum compromisso.

Já falhei e paguei caro pela falha. Certo dia, embarquei no primeiro voo com destino a São Paulo. Quando lá cheguei, depois de uma hora e meia de viagem, a calma em que se encontrava aquela ruidosa e agitada metrópole me chamou a atenção. Era feriado na cidade e eu não havia pensado nessa possibilidade antes de marcar minha viagem. Resultado: um dia perdido e custos que não precisavam ter existido.

Porém, a gente sempre aprende algo com as situações desfavoráveis. É o que se espera. Agora, costumo marcar no calendário os feriados das cidades que mais costumo ir a trabalho.

PESQUISA DE CLIMA INTERNO

Uma das maneiras de saber o grau de satisfação dos colaboradores da empresa é fazer anualmente uma pesquisa com todos, sem exceção. Depois de usar alguns modelos internos nas empresas que dirigíamos, chegamos a um modelo ultrassimplificado que se mostrava bastante eficaz. Os colaboradores não precisavam se identificar. A opção era de cada um.

Em minhas visitas às empresas, a impressão colhida é que os dirigentes têm receio de conhecer o verdadeiro ponto de vista dos seus colaboradores. É claro, que nem todos pensam assim, afirmá-lo seria injusto de minha parte. Há empresas de todos os tamanhos que fazem essa pesquisa anualmente. As grandes, via de regra, têm esse hábito. Ora, se é bom para uma grande, por que não seria para uma pequena? Não fazê-lo seria uma insegurança do proprietário? Ou simples desconhecimento do valor que algo tão simples e sem qualquer custo pode trazer, como oportunidades de melhorias? Os tempos são outros, e a transparência na gestão é sinal de boa governança.

O resultado da pesquisa deve ser divulgado nos murais da empresa e os pontos que ficaram abaixo do esperado na avaliação precisam ser trabalhados. O RH passa a liderar um plano de ação (PA) para melhorar todos os tópicos que receberam baixa pontuação. Metas são estabelecidas para cada um, as quais deverão ser atingidas na próxima pesquisa anual.

A direção precisa comprar a ideia, senão o fracasso da pesquisa será retumbante. Os colaboradores devem perceber o esforço que a empresa dispensa para melhorar os pontos fracos apontados por eles.

Chegamos a aplicar o mesmo modelo em empresas no Brasil e na Argentina e os resultados revelaram percepções que, em muitos casos, a empresa desconhecia ou, quando tinha consciência, não dava a devida atenção.

O modelo sugerido procura abordar aspectos relativos ao ambiente, às condições de trabalho, à comunicação, ao relacionamento, à motivação e aos aspectos institucionais da empresa. Cada organização pode criar seus próprios modelos ou mesmo adaptar o aqui sugerido para sua realidade. O ideal é que use essa ideia como inspiração para criar o seu próprio modelo, em atendimento às características e necessidades de sua organização. O importante é não deixar de "escutar" os colaboradores e melhorar aquilo que precisa ser melhorado. É importante não se esquecer de divulgar os planos internamente. Idem para os resultados alcançados. Esse *"feedback"* (devolução) aos funcionários é crucial. Se não for feito, vira um desastre, pois todos irão sentir que sua opinião de nada valeu. Para reconquistar sua confiança, o caminho poderá ser muito espinhoso.

Empresa TAL

É de fundamental importância efetuar uma análise criteriosa dos resultados de uma pesquisa de clima. Repetindo: a pesquisa fornece informações sobre problemas que, se não forem usadas para gerar ações corretivas, melhor seria não realizá-la.

A Tabela 19, a seguir, facilita a análise. Com o auxílio do *Excel* na formatação condicional temos a opção da escala de cores. Em cada coluna dos resultados apurados, colocamos cores específicas. As respostas de "concordo totalmente" (CT) e "concordo parcialmente" (CP) recebem as cores de fundo das células da seguinte maneira: verde para as de maior pontuação e vermelha para as de pontuação mais baixa. As intermediárias ficam em amarelo. Na opção "discordo" (D), a maior pontuação gera uma célula vermelha, pois é um resultado indesejado.

Cada uma das dez perguntas pesquisadas é facilmente visualizada na planilha. As células vermelhas são os pontos negativos do ambiente interno que exigem melhorias e os tópicos com células na cor verde são seus pontos fortes. Ambos serão analisados e levados em conta no momento em que a direção for elaborar seu planejamento estratégico.

No final, fazemos os percentuais impactados por cada uma das colunas. Quanto maior o percentual de D, pior está a empresa, na visão de seus colaboradores. A soma de CT e CP representa uma resposta satisfatória, mas o melhor é atingir alta pontuação na coluna CT.

No exemplo da planilha que se segue, CT e CP representaram 67,1% e D, 32,9%, respectivamente. Esse percentual é bastante alto. Uma boa meta seria que D ficasse, no máximo, em 15% do total.

Toda pesquisa de clima interno é um diagnóstico e a alta direção deve encará-lo com a máxima seriedade na elaboração de suas estratégias, a fim de que elas tenham maior possibilidade de êxito. Afinal, um grupo de pessoas que não se relaciona bem, que não vê possibilidade de crescimento dentro da empresa, dificilmente vai ser colaborativo para a superação de novos desafios. Se esse quadro permanecer, as estratégias criadas terão maior chance de fracassar.

Cada empresa poderá elaborar as suas próprias perguntas e o número de pontos questionados. Isso fica a cargo de cada um. O gestor de RH deve solicitar à direção que informe os pontos a serem questionados na pesquisa de clima. O segredo do bom uso dessa ferramenta é a objetividade. O agrupamento de perguntas afins também auxilia um melhor resultado.

Tabela 19 - Pesquisa de Clima Realizada
nos Dias 10 e 11 de Maio de 20XX

TEMA PESQUISADO	QUESTÃO	PERGUNTA	CT	CP	D	TOTAIS
AMBIENTE DE TRABALHO	1	Sinto-me estimulado e seguro para expor novas ideias.	5	29	14	48
	2	Sinto-me reconhecido pelo trabalho que executo.	6	15	27	48
COMUNICAÇÃO	3	Sinto-me bem informado sobre o que acontece na empresa.	6	17	25	48
	4	Recebo as informações necessárias para realizar o meu trabalho.	24	20	4	48
RELACIONAMENTO	5	Sinto-me satisfeito com o relacionamento com os colegas de trabalho.	18	15	15	48
	6	Sinto-me satisfeito com o relacionamento com os gestores.	10	27	11	48
CONDIÇÕES DE TRABALHO	7	O ambiente físico do meu trabalho encontra-se em boas condições.	15	20	13	48
	8	Minha remuneração total (salários + beneficios) é compatível com minha função e com o mercado	14	20	14	48
MOTIVAÇÃO	9	Sinto que posso crescer profissionalmente na empresa.	6	13	29	48
ASPECTOS INSTITUCIONAIS	10	Sinto-me satisfeito em ser um colaborador da empresa.	22	20	6	48
TOTAIS			126,0	196,0	158,0	480
PERCENTUAIS DE "CT" (CONCORDO TOTALMENTE), "CP" (CONCORDO PARCIALMENTE) E "D" (DISCORDO)			26,3	40,8	32,9	100,0

SEMANA DA QUALIDADE

Anualmente, é recomendável envolver todas as pessoas da empresa para um evento de suma importância: a semana da qualidade. Essa é uma oportunidade para rever e treinar alguns temas, ensinar novos conceitos e realizar atividades, individuais e em grupo, que não sejam estressantes, mas sim prazerosas.

Em geral, as pessoas não gostam de ser obrigadas a competir, nem a se abrir em frente aos demais. Esse aspecto precisa ser levado em conta. A ideia de oferecer aos colaboradores pequenas recompensas, como uma camiseta com o logotipo da empresa e com referência à semana da qualidade, é geralmente bem aceita por todos. Sorteio de brindes simples é bem recebido, e convém que sejam em grande número. Que bom se todos tiverem oportunidade de receber pelo menos um pequeno "mimo" por sua participação. As equipes ou indivíduos que se destacarem devem ser agraciados com algum brinde especial. Um livro, duas entradas de cinema ou um boné são algumas sugestões.

A escolha dos temas deve ser criteriosa e estar em sintonia com o evento. Aqui, a qualidade se refere ao sistema, uma poderosa ferramenta de gestão. É uma boa oportunidade para dar treinamentos com reforço para diferentes pontos, como ferramentas de qualidade, preservação ambiental, saúde e segurança do trabalho, combate a incêndio, cidadania, etc.

Empresa Multitask-Pro

A empresa Multitask-Pro realizou a sua "IV Semana da Qualidade". O programa foi assim estabelecido:

1. Abertura com votos de Boas-vindas;
2. Divulgação da Programação;
3. Avisos;
4. Atividades:
   - Atividade 1: Filosofia Organizacional;
   - Atividade 2: PDCA;

- Atividade 3: Plano de Ação;
- Atividade 4: Diagrama de Causa e Efeito.
5. Reunião de Encerramento.

Atividade 1: Filosofia organizacional

Objetivos: rever e fixar os conceitos da filosofia organizacional da empresa.

— Cada colaborador recebe uma pasta contendo a Missão, a Visão e os Princípios (valores) da empresa;

— Alguns voluntários devem ler esses conceitos em voz alta;

— Os participantes, organizados em duplas, devem elaborar uma folha com palavras cruzadas que apliquem o conteúdo acima. Produzir também uma folha sem as respostas. Tempo: 30 minutos;

— As duplas deverão trocar com seus vizinhos as folhas com as palavras-cruzadas sem respostas. Assim, cada dupla terá que resolver a que seus colegas criaram. Tempo: 20 minutos;

— Tempo para conferência dos resultados: 5 minutos;

— As duplas que conseguirem resolver completamente as palavras cruzadas receberão o aplauso de todos os presentes.

Atividade 2: PDCA[52]

Objetivo: reforçar o conhecimento sobre as ferramentas de qualidade mais usadas, através da solução de problemas do contexto do dia a dia dos colaboradores.

— PDCA (planejar, fazer, verificar e agir). Distribuir uma folha impressa com o esquema clássico do PDCA;

— Problema: resíduos misturados. A orientação da empresa é a separação dos resíduos gerados, segundo seu tipo. A empresa que recolhe os resíduos da empresa tem reclamado que ele não está

---

[52] PDCA, acrônimo do inglês para *Plan/Do/Check/Act*, correspondente a Planejar/Fazer/Conferir (monitorar)/Agir. É uma ferramenta muito aplicada nos sistemas de gestão da qualidade (SGQ).

sendo corretamente separado. Um mesmo *container* contém diferentes tipos de materiais misturados;

— Dividir a turma em grupos de cinco ou seis pessoas; cada grupo deverá elaborar um breve PDCA para resolver esse problema. Tempo: 30 minutos;

— Cada grupo deverá apresentar a sua proposta de PDCA, que poderá ser feita por um ou mais apresentadores voluntários, quantos o grupo desejar. Quem não quiser, não precisa fazê-lo, fica apenas assistindo;

— Uma pequena comissão de gerentes ou diretores tece comentários imediatamente após a apresentação de cada plano;

— Após o encerramento das apresentações, todos os participantes são convidados a escolher os três melhores PDCA;

— Salva de palmas aos melhores trabalhos.

Atividade 3: Plano de Ação (PA)

— Distribuir uma folha impressa com o esquema clássico dos PA (que, quando, quem, por que, como, onde, quanto);

— Objetivo: fixar o conteúdo, fazendo um exercício prático de educação financeira;

— Problema: fundo de aposentadoria;

— O diretor financeiro deverá fazer uma breve apresentação sobre a importância, para o colaborador e suas famílias, de se ter um plano financeiro e de poupar mensalmente ao longo dos anos. Também serão apresentadas formas de como fazer para que esses valores rendam acima da inflação. Exemplos simples de juros compostos podem ser demonstrados. O apresentador e seus auxiliares (time de conselheiros financeiros) darão suporte nos cálculos para os presentes. Calculadoras financeiras e planilhas Excel deverão ser usadas pelos facilitadores financeiros;

— O diretor financeiro deverá mostrar, de forma simples e didática, as opções de aplicação (tesouro direto, letras de crédito agrícola ou imobiliário, CDB). As aplicações de renda fixa são mais conservadoras, mas são as mais recomendáveis para o pequeno aplicador. Esses só devem investir no mercado de ações se já tiverem alguma experiência, e aplicarem um percentual menor nesse tipo de risco do que nas aplicações conservadoras. A poupança deve ser evitada também, pois é a modalidade que pior remunera. O Tesouro Direto aceita valores bem pequenos em cada aplicação.

— Tarefa: cada colaborador deverá traçar um PA para ter $ XXX mil daqui a dez, vinte, trinta anos ou menos, de acordo com sua expectativa de aposentadoria. Cada um deverá saber o quanto poderá destinar mensalmente para esse fim, de acordo com suas possibilidades. Se for um valor muito pequeno, poderá acumular e aplicar a cada dois ou três meses. É necessário ter disciplina para o sucesso desse plano.

— Cada pessoa terá que estabelecer metas que sejam desafiantes e ao mesmo tempo possíveis de serem alcançadas. Tempo: 30 minutos;

— Não há apresentação dos PA em público, pois o assunto é confidencial. As dúvidas devem ser tiradas com os conselheiros financeiros;

— Após o encerramento do tempo de elaboração dos PA, os conselheiros fazem seus comentários sempre respeitando o sigilo das informações colhidas. Tempo: 10 minutos;

— A palavra é aberta para ouvir os comentários (*feedback*) sobre o que o grupo achou da atividade. Tempo: 5 minutos;

— Encerramento com salva de palmas de todos os presentes.

Atividade 4: Diagrama de causa e efeito

Objetivo: reforçar o conhecimento sobre uma ferramenta usada para se descobrir as causas de um problema;

— Diagrama de Causa e Efeito: distribuir uma folha impressa com o diagrama de causa e efeito;

— Problema: Fulano, um funcionário muito capaz, seguidamente dorme demais e perde o ônibus para o local de trabalho. Como consequência, perde seu dia de trabalho, recebendo menos no final do mês. Além da empresa, prejudica a si mesmo e aos seus familiares agindo dessa forma;

— Dividir a turma em duplas, onde cada uma delas deverá levantar as prováveis causas desse problema. A Imaginação deverá ser aplicada no exercício. Não é o caso de se buscar resolver o problema, apenas tentar entender os porquês do fato acontecer repetidamente. Tempo: 15 minutos;

— O facilitador pergunta se alguma dupla se disporia a apresentar sua análise para o grupo. Quem não gostar de apresentar, não precisa fazê-lo. Fica apenas assistindo;

— O facilitador deve fazer os comentários sobre as análises apresentadas;

— Após o encerramento das apresentações, todos os participantes são convidados a escolher as três melhores análises do problema. Tempo: 5 minutos

— Encerramento com salva de palmas aos melhores trabalhos.

Os treinamentos acima são apenas alguns exemplos de atividades simples que visam à fixação do conteúdo teórico. Após cada uma delas, os facilitadores deverão colher assinaturas dos presentes para registros e arquivamento das horas de treinamento por conteúdo e colaborador.

Com as impressoras coloridas, fica fácil entregar diplomas a cada um dos participantes ao final da semana da qualidade. Eles se sentirão orgulhosos de terem recebido tais treinamentos.

CÓDIGO DE CONDUTA E ÉTICA

Ao longo das últimas décadas, a aplicação de um código de conduta e ética dentro das organizações tem sido aperfeiçoada. Quem não tem essa ferramenta, ou quem busca melhorias na que já possui, pode inspirar-se em alguns exemplos acessíveis. Não estou sugerindo copiar e colar, o que não seria ético, mas construir modelos que norteiem o seu próprio código enquanto organização. Para tal, é recomendável se inspirar nas empresas de notória preocupação com esse tema que assola países, governos e empresas. Desvios de conduta e falta de ética não são bem aceitos pelo mercado e trazem prejuízos enormes às empresas, governos e sociedade em geral.

Em uma organização maior que possui um conselho de administração, cabe a ele a iniciativa de nortear as políticas e os princípios que deverão guiar todas as pessoas da organização e com as quais essa se relaciona (fornecedores, terceiros, clientes, etc.). Isso feito, a diretoria executiva tem a função de criar o código de conduta e ética da organização. Mais do que isso, deverá fazer com que ele seja cumprido pelo próprio conselho e diretoria, do presidente ao mais simples funcionário da empresa.

Uma política de viagens, para citar um exemplo, estabelece limites para gastos em hospedagem e bebida alcóolica. Um colaborador do almoxarifado que vai fazer um treinamento em outra cidade por conta da empresa, dificilmente se acomodaria em um hotel cinco estrelas ou viajaria na primeira classe em seus voos. Nem mesmo tomaria uma garrafa de vinho que custasse quinhentos dólares. Como ele conheceria os seus limites e as regras de conduta da empresa? Aplicando o código no qual foi treinado.

Uma boa prática observada no mercado é a empresa treinar anualmente os funcionários de todos os níveis, realizar testes para comprovar o entendimento do conteúdo, recolher a assinatura do colaborador treinado e aprovado, arquivar esse registro e exigir de seus principais gestores o cumprimento do código.

Relatarei um fato vivenciado por mim, tomando muito cuidado para não revelar os envolvidos. O que importa é saber quetais coisas podem acontecer. Uma determinada empresa tinha as políticas de uso de seus ativos muito claras e muito bem disseminadas junto aos seus colaboradores. Todos estavam devida e comprovadamente treinados e conheciam o fato de que seus computadores pertenciam à empresa. Logo, não poderiam colocar esses ativos em risco, tampouco colocar a própria empresa em apuros por uso indevido dessas máquinas e sistemas.

Cada computador tinha senha única, pessoal e intrasferível. Só o próprio usuário tinha acesso a ela. Todo colaborador deveria zelar pelo patrimônio da empresa. Certo dia, um gerente pede para falar com o diretor, seu superior, para relatar o que acabara de presenciar: um funcionário olhando sites pornográficos no computador da empresa durante o horário de expediente. Ações incisivas foram tomadas imediatamente. O funcionário teve seu computador isolado, lacrado e foi demitido por justa causa, sem direito a certas verbas rescisórias, vide praxe das relações trabalhistas. Aquilo era uma decisão inédita, mas foi a orientação dada pelo diretor de RH da organização. A empresa teve o cuidado de não divulgar o fato, nem mesmo internamente.

O esperado aconteceu. O funcionário demitido deu entrada na Justiça do Trabalho, solicitando expressivo valor pelo "embaraço" sofrido com a demissão, e outras reivindicações sem critério feitas por seu advogado, aliás, do próprio sindicato. A empresa recebeu uma ordem judicial determinando uma perícia no computador, que foi feita com o acompanhamento de técnicos e advogados das duas partes. Constatou-se que havia registros de mais de trezentos acessos a sites pornográficos naquele único equipamento; até registros da intimidade pessoal do próprio funcionário lá estavam. Além disso, dezenas de músicas haviam sido baixadas de forma irregular, violando as leis que regem a propriedade intelectual, podendo colocar a empresa em posição de vulnerabilidade.

O passo seguinte foi a audiência. O juiz teve a confirmação das testemunhas da empresa, ex-colegas do reclamante, de que ninguém mais poderia ter usado o computador, ao contrário do que alegara o funcionário autor da ação.

Examinados os depoimentos e as provas de que o funcionário havia recebido treinamento do código de conduta e passado nos testes, devidamente registrados com sua assinatura, o juiz não teve outra opção a não ser dar o ganho da causa à empresa. Uma vitória da organização e dos controles de quem sabe se prevenir contra esse tipo de situação.

O caso real acima comprova que uma organização precisa disseminar suas políticas e regras, treinar as pessoas e fazer cumprir seu código de conduta e ética. Isso a protege financeiramente, garante que as pessoas se respeitem mutuamente e faz com que seja vista com bons olhos pelo mercado. Os *stakeholders* agradecem.

Segundo o Instituto Brasileiro de Governança Corporativa, IBGC (2014), que tem divulgado frequentemente essa questão em seu material de cursos, alguns assuntos que deveriam estar cobertos pelo código de conduta, seriam:

— Cumprimento das leis;

— Recolhimento de todos os tributos previstos;

— Obrigações para com os ativos da empresa;

— Conflito de interesses;

— Discriminação no ambiente de trabalho;

— Assédio moral ou sexual.

Recomendamos às micro e pequenas empresas que leiam sites de empresas com boa governança corporativa implementada. Na bibliografia, citamos duas renomadas universidades, a Oxford University[53] e a Harvard University[54], além de uma instituição global, as Nações Unidas (UN) [55]. Para complementar, é indicado buscar informações nas empresas que não são vistas nos noticiários por envolvimento em falcatruas, propinas, discriminação de raça, sexo, religião, ou qualquer outro tipo. Elas são a melhor fonte que alguém poderia indicar.

Depois dessa preparação, é importante construir o seu próprio código, que deve ser objetivo, simples e não omitir temas que devem estar presentes.

---

[53] https://www.ox.ac.uk/students/academic/conduct?wssl=1

---

[54]

http://static.fas.harvard.edu/registrar/ugrad_handbook/current/chapter5/standards_conduct.html

---

[55] https://www.unicef.org/videoaudio/PDFs/Code_of_Ethics.pdf

Divulgue o código aos seus funcionários, prestadores de serviços, fornecedores e clientes. Treine um grupo de colaboradores anualmente. Dessa forma e com disciplina, você irá economizar dor de cabeça e uns bons trocados.

TREINAMENTOS

Sempre que faço o diagnóstico de uma empresa, costumo perguntar se ela tem planejamento estratégico. Se tiver, busco a informação sobre as metas de horas de treinamentos por funcionário para cada ano. Se a empresa não tiver essas metas, eis um sintoma grave de má gestão. Nesse caso, provavelmente ela deve gerar muitos produtos ou serviços com falhas, acidentes de trabalho, baixo nível de satisfação dos colaboradores e não deve ser uma referência de mercado (*benchmark*).

A competição pela participação no mercado (*marketshare*) e pela sobrevivência das organizações é tão acirrada que toda empresa com baixa competitividade tende a desaparecer rapidamente. A forma mais econômica de sobreviver, e que melhor resultado gera para um negócio, é o treinamento. Quanto mais treinadas as pessoas forem, melhor para elas e para a empresa. Então, por que razão as empresas não investem mais nisso? Imagino que falte um melhor entendimento dos benefícios que o treinamento traz.

Uma razão para um grande número de empresas, principalmente de pequeno e médio porte, não realizar treinamentos é não ter gestão de RH e possuir apenas um departamento de pessoal, o que são duas coisas muito diferentes. Uma boa gestão de recursos humanos, orientada por um profissional competente que conquiste o comprometimento dos gestores, conferirá à empresa um diferencial sustentável ao longo do tempo.

Todo novo funcionário deve passar por uma integração no momento em que for contratado. Ele aprende o organograma da empresa e é apresentado aos colegas. Depois, deve se submeter a um treinamento do código de conduta e ética, onde fica conhecendo as principais políticas internas e regras da empresa. Na sequência, deve haver uma avaliação da compreensão desse código. O novo funcionário só pode ser considerado apto se for aprovado em 100% do teste. Se não for, reestuda e repete o teste até obter esse resultado.

Todas essas horas treinadas devem ficar registradas em uma planilha de controle geral. A questão de segurança do trabalho é fundamental para um iniciante, e todos devem refazer esses treinamentos anualmente.

Igualmente importante para o pleno exercício profissional é a capacitação da parte funcional. Um bom exemplo é a capacitação para a operação de determinada máquina e o conhecimento dos fluxos de processos em que o colaborador estará envolvido. A frequência e a carga horária dos treinamentos dependerão da atividade a ser exercida. Imaginemos quanto treinamento um piloto de avião deve ter. É claro que ele precisa ter muito mais tempo de treinamento do que um vendedor de passagens aéreas da mesma companhia.

Muitas organizações contam com recursos de controle de treinamentos em seus sistemas. As menores geralmente não podem contar com esse recurso, mas isso não deve servir como desculpa para não controlá-los.

A Tabela 20 serve como modelo simples para controle das horas anuais treinadas em comparação com as metas. O Excel permite enriquecer muito essa planilha. O importante é visualizar facilmente esses controles. Cada funcionário e facilitador que realizar um treinamento deve assinar uma ficha individual do mesmo, que será arquivada no RH.

Tabela 20 - Controle de Treinamentos

Nome do colaborador	Integração		Código conduta			Segurança no trabalho		Funcional		Meta de horas de treinamento anual			
	Data	Horas de treinamento	Data	Horas de treinamento	Aprovação no teste	Data	Horas de treinamento	Data	Horas de treinamento	Meta	Horas de treinamentos realizados	% já cumprido da meta	
Horácio Hartz	04/01/XX	4	05/01/XX	2	S	06/01/XX	8	07/01/XX	8	25	22		88%
Joaquim Reis	09/10/XX	4	09/10/XX	2	S	10/10/XX	8	11/10/XX	4	25	18		72%
Joaquim Silvério	01/03/XX	4	01/03/XX	2	S	02/03/XX	8	03/03/XX	8	25	22		88%
Leopoldina Rosa	20/07/XX	4	21/07/XX	2	S	21/07/XX	8	22/07/XX	4	25	18		72%
Pedro Alvares	18/12/XX	4	18/12/XX	2	S	18/12/XX	8	18/12/XX	4	25	18		72%
Rui Sena	10/07/XX	4	12/07/XX	2	S	14/07/XX	8			25	14		56%
Vanusa Lima	23/11/XX	4	23/11/XX	2	S	24/11/XX	8	25/11/XX	2	25	16		64%
Vera Lara	18/12/XX	4	18/12/XX	2	N					25	6		24%
Total		32		16			56		30	200	134		67%

ABSENTEÍSMO

Este é um indicador muito aplicado dentro das organizações. O gestor de RH pode ter metas mensais e anuais para controlar a ausência no local de trabalho. Não adianta apenas saber o percentual de horas não trabalhadas por absenteísmo. É fundamental saber suas principais causas, a fim de trabalhar na raiz do problema e evitar que o absenteísmo siga crescendo.

Como todo indicador, ele requer uma meta atingível e desafiante. Utopicamente deveria ser zero, mas não funciona assim na vida real. Causas incontroláveis repercutem nesse indicador, como doenças, acidentes de trabalho, acidentes de trânsito e falecimento de familiares. Faltas com justificativas comprovadas merecem ter registros e cuidados à parte.

Uma sugestão de controle poderia ser uma planilha como a Tabela 21. Essa é apenas o ponto de partida que poderá servir como modelo para o RH confeccionar uma melhor. Temos reiterado que o ideal é ter sistemas que já forneçam esse tipo de ferramenta. Insistimos também para que as causas das faltas sejam mapeadas, pois elas darão subsídios para ações que visem amenizar o problema.

A planilha abaixo apresenta o controle, enquanto o Gráfico 10 ilustra o total de faltas, o percentual de absenteísmo mensal e a meta a ser atingida. Dessa forma, se monitora o desempenho. Simples, descomplicado, eficaz e sem estresse.

Tabela 21 - Controle do Absenteísmo

	jan	fev	mar	abr	mai	jun	jul	ago	set	out	nov	dez	total
Absenteísmo 20XX - registro de faltas (horas) - meta =< 1%													
Horácio Hartz	0	0	0	0	0	0	0						0
Joaquim Reis	24	8	4	0	4	0	16						56
Joaquim Silvério	0	0	0	16	0	0	0						16
Leopoldina Rosa	0	0	0	0	0	0	0						0
Pedro Alvares	16	4	0	0	0	0	0						20
Rui Sena	4	0	4	4	8	0	4						24
Vanusa Lima	0	0	0	8	0	0	0						8
Vera Lara	0	0	0	0	0	8	0						8
Total faltas (h)	44	12	8	28	12	8	20						132
Total expediente (h)	1.760	1.760	1.760	1.760	1.760	1.760	1.760						12.320
Absenteísmo % no mês	2,5%	0,7%	0,5%	1,6%	0,7%	0,5%	1,1%						1,1%

Gráfico 10 – Absenteísmo

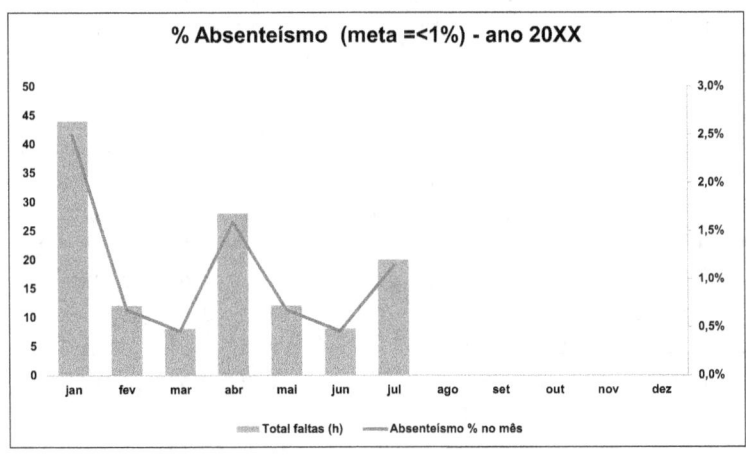

ROTATIVIDADE (*TURNOVER*)

Outro indicador amplamente adotado é o da rotatividade do pessoal (*turnover*). De alguma forma, ele sinaliza o quanto a empresa é atrativa para os funcionários. Profissionais bons e capazes sempre são cobiçados pelo mercado. Se a rotatividade de uma empresa for alta, ela deve investigar o que acontece. Talvez, o problema seja a remuneração inferior ao que o mercado paga (remuneração = salários fixos e variáveis + benefícios). Ou quem sabe, o problema esteja no ambiente interno ruim, nas relações com a chefia ou em outras causas possíveis.

O controle do indicador *turnover* é uma informação. Mas o que um gestor deve fazer com ela? A resposta só pode ser uma: gerar conhecimento suficiente para buscar uma solução para o problema.

No momento da demissão de alguém, por iniciativa do funcionário, cabe uma entrevista para mapear as causas que o levaram a sair da empresa. Esse mapeamento irá revelar aquilo que o RH e os gestores diretos do funcionário precisam ter ciência.

Como se calcula o percentual de rotatividade? Primeiramente, somam-se os números de admissões e demissões do mês. O valor encontrado deve ser dividido por dois. Esse resultado deverá ser dividido pelo número de funcionários do mês anterior. O passo seguinte é transformar esse resultado em percentual. Fica mais fácil entender, examinando a planilha de controle de rotatividade, vide Tabela 22. A partir dela é gerado o Gráfico 11, que sempre facilita a compreensão. Somos seres que usam muito a visão para absorver informações, por isso, a minha quase obsessão por gráficos.

Tabela 22 - Controle de Rotatividade de Pessoal

Indicador de rotatividade (turnover) - meta <= 3%								
	dez	jan	fev	mar	abr	mai	jun	jul
Número de funcionários final do mês	70	72	73	76	74	75	75	73
Admissões		3	1	4	0	3	0	0
Demissões		1	0	1	2	2	0	2
Rotatividade %		2,9%	0,7%	3,4%	1,3%	3,4%	0,0%	1,3%

Gráfico 11 - Rotatividade de Pessoal

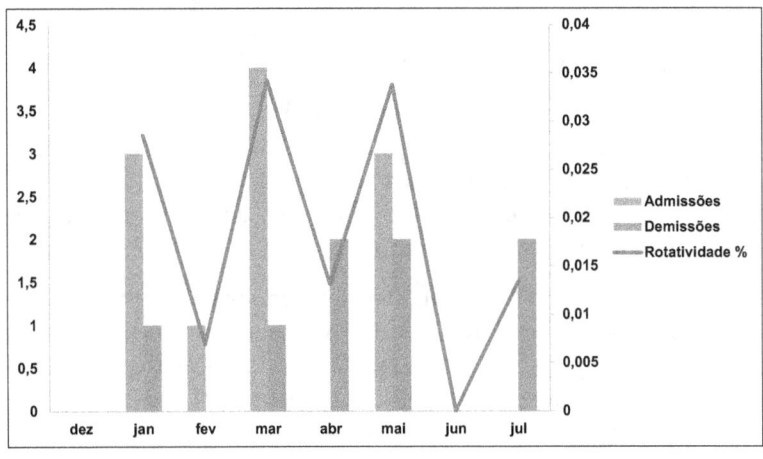

PREPARAÇÃO DO ENTREVISTADOR E DO CANDIDATO A EMPREGO

Se existe algo que poucos gostam de fazer é se submeter a uma entrevista de emprego. Sempre há o receio do desconhecido, certa intranquilidade e ansiedade. Tudo isso é muito normal. Por outro lado, a posição do entrevistador também requer preparo. É muito chato entrevistar alguém sem sequer ter lido previamente o seu currículo. Pior ainda é não saber o que perguntar.

Na internet, existe farto material disponível sobre entrevista de emprego, assim como sobre quase tudo que se queira. Se tivesse que resumir em uma palavra o que é mais importante para o entrevistado e para o entrevistador, diria: preparação.

Uma prática comum em empresas é o responsável pelo RH fazer entrevistas prévias com os candidatos à determinada vaga. Após selecionar os três que mais se enquadram no perfil buscado, volta-se a entrevistá-los, agora, na presença do gestor responsável pelo cargo que deverá ser ocupado.

Nesse momento, também pode haver apenas a presença do gestor, sem o colega do RH. Se for para altos cargos da gestão, é recomendável que se contrate uma empresa focada em recursos humanos e especializada em busca de talentos (*headhunters*). De acordo com minha experiência, devo dizer que o investimento vale a pena. Cada empresa tem seu modo particular de realizar entrevistas. A seguir, algumas sugestões que refletem as boas práticas observadas ao longo da minha vida profissional.

Recentemente, como conselheiro consultivo de uma indústria, recebemos da empresa de recrutamento três candidatos a uma vaga de gerente comercial que deveria se reportar diretamente ao presidente da empresa. Todos os candidatos tinham ótimo perfil e a experiência requerida. Houve consenso de que um deles se destacava um pouco dos demais e, por isso, foi o escolhido.

Os sócios ficaram satisfeitos e reconheceram como tinha sido boa a decisão de contratar um especialista de mercado para recrutar os candidatos. Eles passam por um filtro prévio para constar no banco de dados dos *headhunters* (caçadores de talentos) e, depois disso, têm seus perfis avaliados pelo especialista que realiza entrevistas e testes de avaliação de perfil, inclusive, comportamental (*assessment*). Todo esse processo aumenta a probabilidade de se contar com ótimos candidatos.

O postulante à vaga nem sempre é de fora da organização. Pode ser um funcionário que venha a cobiçar um cargo mais alto dentro dela ou que seja chamado para uma promoção. O candidato deve imaginar o que será perguntado, preparar as respostas e ensaiá-las. Uma entrevista é como uma peça teatral, onde temos pelo menos dois atores contracenando. Todos devem saber o texto de cor e estar preparados para improvisar. Ao fazer uma pergunta, o entrevistador pode receber diferentes tipos de respostas, por isso ele precisa ter em mente a próxima pergunta para cada uma das respostas prováveis. Desse modo, a entrevista irá fluir com maior objetividade.

Alguns procedimentos recomendados para o entrevistador:

— Fazer a apresentação com cordialidade para reduzir a tensão do candidato. Pode se perguntar ao candidato onde ele mora (embora saiba pela ficha de inscrição) e sobre sua família. Em geral, não se deve perguntar sobre política e religião, a não ser que sua instituição esteja relacionada a esses assuntos. Temas sensíveis, como homofobia e racismo devem ser deixados do lado de fora de uma entrevista de emprego, genericamente falando;

— Averiguar o porquê de aquela vaga interessar ao candidato. Descobrir se ele se contentaria em permanecer durante muitos anos no mesmo cargo. Esse ponto sobre o objetivo de vida deve ser explorado pelo entrevistador, sem o uso da pergunta surrada que tantas vezes fiz: "O que você imagina estar fazendo daqui a cinco anos?";

— Pedir ao candidato para falar um pouco sobre si mesmo, de sua formação, sua experiência profissional e de seus empregos anteriores. E se esse candidato jamais tiver trabalhado em uma empresa, como o entrevistador deve prosseguir? Por isso é importante a preparação. O entrevistador deve ter opções de perguntas já prontas para cada tipo de resposta.

— Nesse momento, o entrevistador já conseguiu observar a postura, a educação e a apresentação do candidato (vestuário, higiene pessoal, talvez até seus vícios). É interessante descobrir como o candidato se vê no exercício do cargo;

— Levar o candidato a comentar sobre aquilo em que se considera bom, seus predicados e virtudes. Também é permitido falar das suas fraquezas. Vale a pena ser sincero, pois ser desmascarado é pior. A sinceridade é bem vista pelo recrutador;

— Verificar se o candidato prefere trabalhar em grupo ou sozinho;

— Pressionar um pouco quando o cargo for de liderança: o que o candidato faria se fosse líder de uma equipe que contestasse o seu trabalho diante dos colegas, e até dos seus superiores? É uma pergunta difícil. Espera-se que o entrevistador saiba seguir explorando o tema;

— No final, reduzindo novamente a tensão, perguntar se o candidato teria alguma coisa que quisesse saber sobre a empresa.

Há cargos que exigem perfil mais técnico e outros de maior liderança. Mais difícil ainda é encontrar um bom técnico que tenha liderança e saiba como lidar com pessoas. Uma empresa necessita ter pessoas com esses diferentes perfis. Um diretor precisa ser líder, um gerente de vendas também, pois estará à frente de uma equipe de vendedores cheios de "manhas". Um contador que não tenha equipe não precisa ter perfil de liderança, mas o conhecimento técnico de um especialista. Por isso, a descrição do cargo a ser preenchido deve estar bem detalhada quanto ao perfil.

ANEXOS

PESQUISA PELA INTERNET

A internet é uma ferramenta poderosa e que nos possibilita conseguir informações a custo zero. Para entender melhor quais as técnicas e ferramentas que as organizações estão de fato empregando em suas gestões, bem como sua frequência de uso, elaborei uma pesquisa gratuita em 2016. A pesquisa foi realizada através da ferramenta *Survey Monkey™*. Recomendo visitar o respectivo site na internet[56].

Enviei vários e-mails para conhecidos, solicitando que preenchessem a pesquisa e que também a divulgassem em seus grupos de relacionamento. Setores diversos e profissionais de diferentes níveis hierárquicos receberam o convite para participar da pesquisa. Ela teve a pretensão de ser abrangente, contando com a boa vontade de proprietários, conselheiros de administração, altos executivos, gerentes, professores e supervisores de organizações diversas. A pesquisa garantia o anonimato dos participantes.

Pude comprovar que a taxa de adesão à pesquisa foi baixa, como em geral costuma ser. Cerca de uma centena a respondeu. Como seu objetivo era apenas oferecer uma compreensão melhor para o conteúdo deste livro, me dei por satisfeito. Se eu fosse trilhar os caminhos de uma pesquisa acadêmica, um número maior de participantes seria recomendável.

A limitação de um site gratuito dificulta certos cruzamentos de dados, obrigatórios para se explorar melhor todas as informações que uma pesquisa pode obter. Depois, vem o conhecimento adquirido a partir da análise das informações colhidas. Essa é a parte mais difícil. Em minha pesquisa, não havia o objetivo de explorar toda a riqueza de dados que ela oferecia, mas sim, mostrar no livro o que se pode alcançar com uma ferramenta à disposição de qualquer internauta.

Quando uma empresa for realizar uma pesquisa, recomendo que contrate uma das opções do site citado ou de outro similar, a fim de se ter à mão os recursos profissionais que lá estão disponíveis.

---

[56] https://pt.surveymonkey.com/?

Nessa pesquisa, toda tabulação e gráficos apresentados foram elaborados por este autor a partir dos dados apresentados no site da "Survey Monkey". A pesquisa foi composta por dez perguntas, que serão mostradas a seguir, assim como seus respectivos resultados.

Pergunta 1

Qual era a principal atividade da organização do pesquisado?

Tabela 23 - Atividades Principais dos Respondentes

	% Respostas	% Acumulado	Respostas
Indústria	49,0	49,0	48
Comércio	16,3	65,3	16
Serviços	34,7	100,0	34
Totais	**100**		**98**

Gráfico 12 - Principais Atividades

Observamos que a indústria teve maior representatividade (49%) dentre os respondentes, em parte pelo *networking* (rede de relacionamento) do autor estar mais conectado a essa atividade. O ramo de serviços também teve um número razoável de adesões

(35%). Já a atividade de comércio contou com apenas 16% dos participantes da pesquisa.

Pergunta 2

Em que setor sua atividade principal está inserida?

A pergunta 2 tinha o objetivo de agrupar os respondentes segundo o segmento (setor) de sua principal atividade. Quase um terço dos participantes (32%) exercia uma atividade junto à indústria de plásticos e borracha. Serviços especializados vêm em segundo lugar (12%), seguido por comércio varejista (7%) e educação/ensino (7%). Vinte setores estão representados na tabela e no gráfico a seguir.

Tabela 24 - Setor da Principal Atividade

	% Respostas	% Acumulado	Respostas
Plástico e borracha	32,0	32,0	31
Serviços especializados	12,4	44,3	12
Comércio varejista	7,2	51,6	7
Educação e ensino	7,2	58,8	7
Química e petroquímica	6,2	65,0	6
Alimentos e bebidas	5,2	70,1	5
Empreendimentos imobiliários	4,1	74,2	4
TI e telecomunicações	4,1	78,4	4
Agropecuária	3,1	81,4	3
Construção e engenharia	3,1	84,5	3
Papel e celulose	3,1	87,6	3
Transporte e logística	3,1	90,7	3
Material de construção e de decoração	2,1	92,8	2
Comércio atacadista	1,0	93,8	1
Farmacêutica e cosméticos	1,0	94,8	1
Mecânica	1,0	95,9	1
Metalúrgica e mineração	1,0	96,9	1
Serviços médicos	1,0	97,9	1
Têxtil, couro e vestuário	1,0	99,0	1
Veículos e peças	1,0	100,0	1
Água e saneamento	0,0	100,0	0
Eletrônica	0,0	100,0	0
Energia elétrica	0,0	100,0	0
Petróleo e gás	0,0	100,0	0
Totais	**100,0**		**97**

Gráfico 13 - Segmento Principal da Organização

Pergunta 3

Qual o seu cargo dentro dessa organização?

Não menos importante era saber os cargos ocupados pelos inquiridos. Verifica-se que (82%) das respostas foram colhidas do pessoal mais envolvido com a gestão das organizações. Justificável, uma vez que a pesquisa foi dirigida a quem fazia a gestão ou sobre ela exercia alguma influência. Em seguida, manifestaram-se seis conselheiros de administração. Esses, combinados, representaram 88% dos participantes pesquisados.

Tabela 25 - Cargo Dentro da Organização

	% Respostas	% Acumulado	Respostas
Executivo (Diretor)	28	28	26
Gerente	26	54	25
Executivo principal (CEO)	19	73	18
Supervisor	9	**82**	9
Conselheiro de administração	6	88	6
Outros	5	93	5
Professor de graduação ou pós-graduação	4	98	4
Presidente de conselho de administração	1	99	1
Consultor de empresas	1	100	10
Comerciante (varejista)	1	101	1
Pesquisador acadêmico	-	101	-
Médico ou dentista	-	101	-
Advogado	-	101	-
Totais	**101**		**105**

Gráfico 14 - Cargo Dentro da Organização

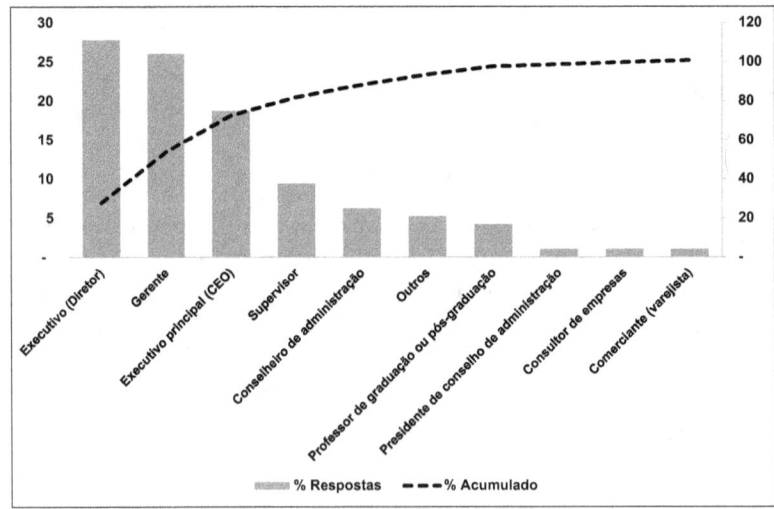

Pergunta 4

Qual a receita bruta anual de sua organização?

Já conhecíamos os setores dos respondentes, a sua principal atividade e o cargo que exerciam. Caberia saber o tamanho dessas organizações. Não se buscou a referência por número de empregados, pois esse nem sempre é o melhor critério para se determinar o tamanho de uma empresa. Se ela for de alta tecnologia, não empregará tantos funcionários como o faz uma indústria manufatureira de calçados, por exemplo. O critério escolhido foi a faixa de faturamento.

Tabela 26 - Receita Bruta Anual da Organização

	% Respostas	% Acumulado	Respostas
Menor ou igual a R$ 2,4 milhões	21,4	21,4	21
Maior do que R$ 90 M e menor ou igual a R$	21,4	42,9	21
Maior do que R$ 300 milhões	19,4	62,3	19
Maior do que R$ 16 M e menor ou igual a R$	18,4	80,6	18
Maior do que R$ 2,4 M e menor ou igual a R$	15,3	95,9	15
Não sei	4,1	100,0	4
Totais	**100,0**		**98**

Gráfico 15 - Receita Bruta Anual

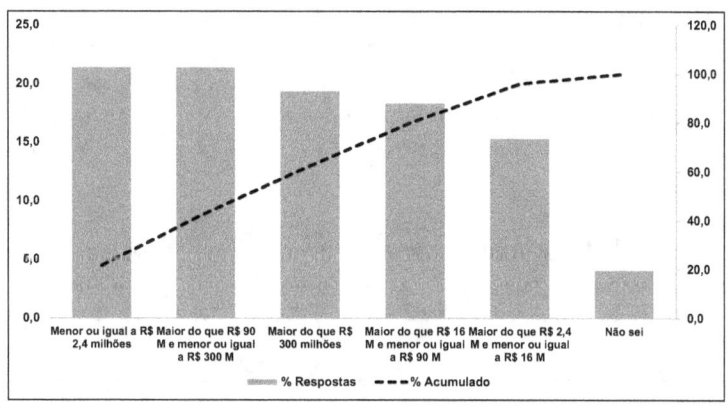

207

Não houve um grupo que se destacasse significativamente dos demais. Quatro deles alcançaram cerca de 20% dos participantes, cada um. Apenas 4% respondeu que desconhecia as receitas de suas respectivas organizações.

Empresas pequenas, com faturamento entre 2,4 e 16 milhões de reais, tiveram menor participação (15%). Empresas grandes, aquelas com faturamento igual ou superior a R$ 300 milhões anuais, representaram 19% dos participantes da pesquisa. Devemos atentar para o fato de que mais de uma pessoa da mesma empresa pode ter respondido a pesquisa, o que deveria ter sido evitado caso o objetivo da pesquisa fosse acadêmico.

Pergunta 5

Sua organização tem uma Visão de longo prazo formalizada e disseminada internamente?

Uma organização que pensa em seu futuro, que se projeta em um ponto não só atingível, mas também desafiante, exige muita determinação. Para isso, ela deverá ter uma "Visão" de longo prazo, formalizada (documentada) e disseminada pela organização. É isso que irá guiar e inspirar cada pessoa da organização. A "Visão" representa o grande objetivo do futuro e motiva cada um a contribuir para a sua realização.

O interessante foi verificar que pouco mais de um terço das empresas pesquisadas não tinham essa declaração, esse objetivo. Se elas não sabem onde querem chegar, dificilmente chegarão por mérito de planejamento. Podem alcançar por obra do acaso, o que não caracteriza um bom gestor.

Tabela 27 - Organizações com Visão Formalizada e Disseminada

	% Respostas	% Acumulado	Respostas
Sim	66,0	66,0	64
Não	34,0	100,0	33
Totais	**100,0**		**97**

Gráfico 16 - Percentuais de Respostas à Visão

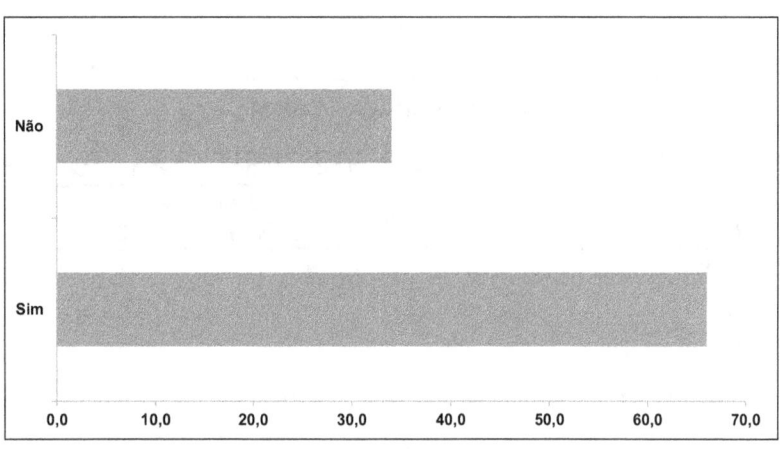

Pergunta 6

Sua empresa elabora, anualmente, um plano orçamentário da operação (receitas, gastos e resultados)?

Uma grande dúvida era se essas organizações elaboravam uma ferramenta que deveria ser obrigatória: o "Plano Orçamentário Anual" da operação, o famoso orçamento anual. Apenas cerca de um quinto declarou não possuir orçamento. Certamente, as maiores estão inseridas nos quase 80% que declarou possuí-lo. Caberia averiguar mais a fundo para saber se essa ferramenta está sendo corretamente aplicada.

Em boa parte das empresas que tenho prestado serviços de consultoria, o que costuma ser feito é uma projeção de vendas. Olham o DRE do último exercício e projetam tudo igual, com a correção da inflação ou pelo crescimento estimado. Isso não é a maneira correta de preparar um orçamento, como já abordamos anteriormente. Da mesma forma, é preciso levar em conta que as empresas médias e grandes, aqui representadas por pelo menos 40% dos participantes da pesquisa, raramente não elaboram seu plano orçamentário anual. Por experiência, o contrário também é verdadeiro, ou seja, a maioria das pequenas não elabora. Mas isso é apenas uma percepção minha e não um dado estatístico obtido por essa pesquisa.

Tabela 28 - Percentuais de Empresas com Plano Orçamentário Anual

	% Respostas	% Acumulado	Respostas
Sim	79,4	79,4	77
Não	20,6	100,0	20
Totais	**100,0**		**97**

Gráfico 17 - Percentuais de empresas com plano orçamentário anual

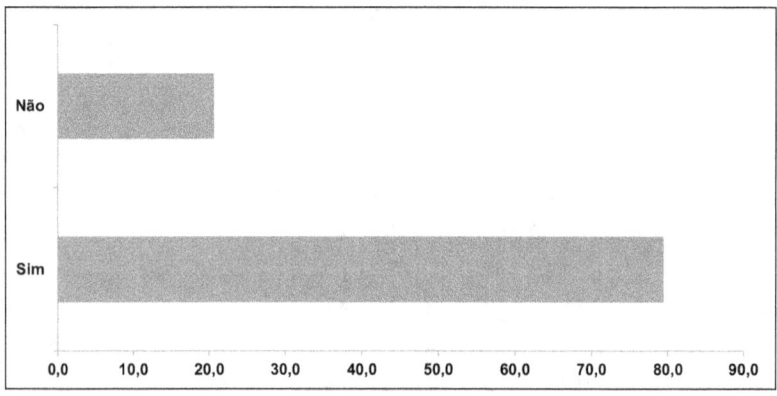

Pergunta 7

Sua empresa possui um planejamento estratégico de longo prazo formalizado?

Essa questão visava saber se a ferramenta "Planejamento Estratégico" (PE) era aplicada nas respectivas organizações. Quase 38% dos respondentes afirmaram não planejar a sua estratégia de longo prazo. O número não se distancia muito dos que declararam que suas organizações não têm sua Visão definida e difundida internamente (34%), o primeiro passo na elaboração de um PE. Ressalva-se, novamente, que os percentuais não são obtidos por número de empresas e sim de participantes, podendo ocorrer mais de um respondente por empresa.

Há uma lógica perversa nessa constatação: se eu não sei para onde gostaria de ir, não tenho como planejar o modo como irei e, provavelmente, não chegarei lá. Também não saberei como corrigir o rumo das viradas dos ventos, se for um velejador, piloto de asa delta, de planador, ou simplesmente um soltador de pipa (pandorga). Para essas organizações não há dicotomia, pois já que não há previsões, também não há imprevistos.

Pelo menos se constatou que um alto número de participantes (63%) adota as técnicas de discutir e criar uma estratégia e de monitorar as ações para cumprir seus objetivos de longo prazo. Assim, analisam o contexto interno e externo, a concorrência e os fatores críticos para obter sucesso.

Um plano estratégico no lugar do planejamento é o apregoado por Mintzberg, Alshtrand e Lampel (2010). Segundo eles, não se pode planejar uma vez que não é possível prever o futuro[57]. Essa informação serve também para apresentar o pensamento de autores que não compartilham com o conceito de Planejamento Estratégico. No máximo seria possível, segundo eles, um plano estratégico.

Tabela 29 - Percentual de Empresas com Planejamento Estratégico

	% Respostas	% Acumulado	Respostas
Sim	62,5	62,5	60
Não	37,5	100	36
Totais	**100**		**96**

[57] MINTZBERG, Henry; AHLSTRAND, Bruce; LAMPEL, Joseph. **Safári de estratégia.** 2010.

Gráfico 18 - Percentual de Empresas com Planejamento Estratégico

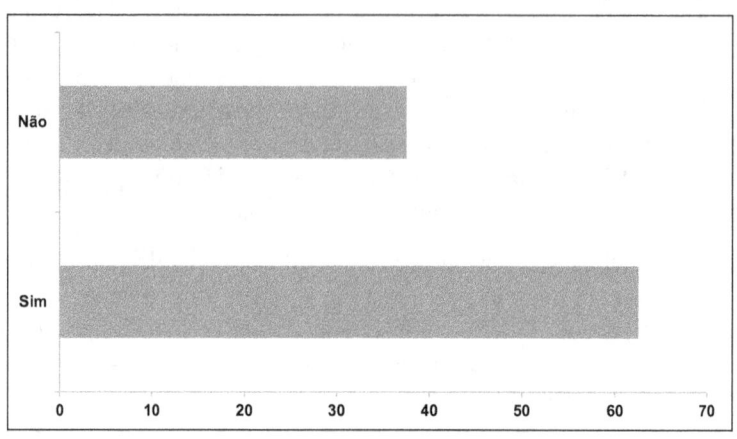

Pergunta 8

Sua organização tem indicadores de desempenho com metas?

Essa questão remete a algo muito básico que infelizmente não ocorre nas empresas como deveria: a construção de indicadores em sintonia com a estratégia a fim de alcançar a Visão de longo prazo da organização. Indicadores, sozinhos, não servem para nada. O que sempre se quer saber é o desempenho das áreas. Por isso, todo indicador deve ter uma meta.

Uma empresa que não mede os desempenhos das suas áreas e dos seus respectivos gestores simplesmente não tem gestão profissional. Cada vez menos, uma organização poderá abrir mão de pensar na sua longevidade e, se for o caso, na sucessão exitosa, principalmente quando se tratar de uma organização familiar. Felizmente, a grande maioria dos participantes afirmou que suas empresas possuíam indicadores e metas.

Tabela 30 - Existência de Indicadores-Metas nas Organizações

	% Respostas	% Acumulado	Respostas
Sim	86,7	86,7	85
Não	13,3	100	13
Totais	**100**		**98**

Gráfico 19 - Existência de Indicadores-Metas nas Organizações

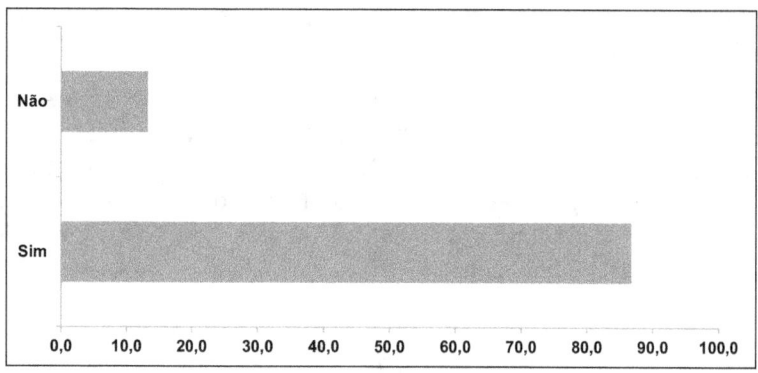

Pergunta 9

Com que frequência sua organização faz reuniões para avaliação do desempenho, verificando se os objetivos e metas estão sendo atingidos?

Já presenciei o caso de uma empresa que contratou um especialista para conduzir a elaboração de um planejamento estratégico. Uma bela obra foi criada, com a participação do "time" do cliente. O facilitador terminou seu trabalho e foi embora. A "peça" ficou dentro de uma gaveta para eventualmente ser mostrada a fim de impressionar alguém.

Na prática, o que ficou foi uma ferramenta etérea. Se há indicadores e metas, mas esses não são monitorados, a empresa desmobiliza seus gestores e tudo o que foi feito nessa construção é perdido.

De acordo com minha vivência, o que mais funciona é a cobrança de resultados em reuniões programadas em cronograma, onde cada área apresenta seu desempenho e suas ações para corrigir o rumo quando necessário. Com a intenção de conhecer a realidade das empresas entrevistadas, essa questão serviu como um olhar crítico sobre o tema, ao questionar a frequência desses encontros.

Uma boa prática é a realização de reuniões mensais o mais próximo possível do encerramento do mês. O acompanhamento semanal ou quinzenal deve ser atribuição dos supervisores e gerentes. A diretoria deve analisar criticamente pelo menos a cada mês, trimestre e ano.

Corporações fazem análises mensais e utilizam as trimestrais para divulgação dos relatórios financeiros ao mercado. O fechamento do ano é a coroação de um somatório que irá revelar o desempenho da gestão em relação ao planejado. A frequência será definida por cada empresa, mas elas jamais deveriam deixar de avaliar mensal e anualmente.

Tabela 31 - Frequência de Reunião de Avaliação de Desempenho

	% Respostas	% Acumulado	Respostas
Mensalmente	50,5	50,5	49
Semanalmente	16,5	67,0	16
Trimestralmente	14,4	81,4	14
Semestralmente	7,2	88,7	7
Anualmente	4,1	92,8	4
Nunca faz este tipo de reunião	4,1	96,9	4
Outra periodicidade	3,1	100,0	3
Totais	**100,0**		**97**

Gráfico 20 - Frequência de Reunião de Avaliação de Desempenho

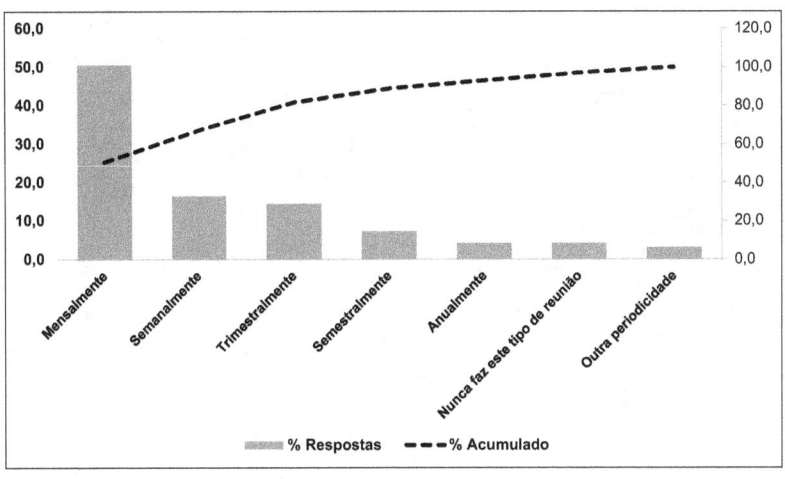

Pergunta 10

Com que frequência você se utiliza de cada uma das ferramentas e técnicas de gestão?

Por fim, a pesquisa quis conhecer a frequência de uso de cada ferramenta citada. Foram escolhidas 52 dentre as mais usadas. Porém, nem todas eram conhecidas pela grande maioria. Existem muitas outras e algumas novas são sempre criadas. Como se observa a seguir, mais de 50% dos respondentes jamais empregam as quatro primeiras ferramentas. Nessa pequena mostra, um número surpreendente nos sinaliza que 40% das organizações pesquisadas não usam 18 das 52 ferramentas citadas.

Tabela 32 - Frequência de Uso de Ferramentas e Técnicas de Gestão

		% Nunca	% Eventual mente	% Frequente mente	% Não conheço a ferramenta	Total de respostas
1	Avaliação dos colaboradores - modelo 360 graus	56,3	20,8	13,5	9,4	96
2	Auditoria ambiental	54,7	24,2	20,0	1,1	95
3	Matriz Ansoff (análise da estratégia)	51,6	12,6	2,1	33,7	95
4	As 7 perdas da manufatura enxuta	50,5	12,6	14,7	22,1	95
5	Matriz Westwood (análise da estratégia)	48,9	13,8	4,3	33,0	94
6	Matriz de riscos	48,5	20,6	25,8	5,2	97
7	Programa "6S" - o sexto é de segurança do trabalho	48,4	21,5	22,6	7,5	93
8	Matriz BCG (análise da estratégia)	46,3	26,3	5,3	22,1	95
9	Pipeline innovation (funil de inovação)	45,8	14,6	16,7	22,9	96
10	Programa de compliance	44,8	17,7	25,0	12,5	96
11	Avaliação da empresa (valuation)	44,3	29,9	20,6	5,2	97
12	Curva ABC de compras	42,7	18,8	35,4	3,1	96
13	Avaliação dos colaboradores - modelo 180 graus	41,5	21,3	26,6	10,6	94
14	Modelo de negócios (Canvas)	41,5	28,7	10,6	19,2	94
15	Matriz GUT	40,9	23,7	6,5	29,0	93
16	Plano de contingências	40,6	31,3	24,0	4,2	96
17	Auditoria de inventário de insumos (estoques)	40,2	14,4	45,4	0,0	97
18	Matriz de competência	40,0	22,1	29,5	8,4	95
19	Business intelligence (BI)	39,0	10,5	41,1	9,5	95
20	Balanced Scorecard (BSC)	38,5	26,0	28,1	7,3	96
21	Auditoria externa (contábil, finanças, etc...)	37,9	19,0	43,2	0,0	95
22	Auditoria de inventário patrimonial	37,1	32,0	30,9	0,0	97
23	Auditoria de Qualidade	37,1	10,3	51,6	1,0	97
24	Gráfico de Paretto	36,8	26,3	33,7	3,2	95
25	Dashboards	36,2	20,2	26,6	17,0	94
26	Análise das megatendências	35,1	40,4	19,2	5,3	94
27	Espinha de peixe	33,3	26,0	26,0	14,6	96
28	Gestão das não-conformidades	33,3	12,5	50,0	4,2	96
29	Programa "5S"	32,3	26,0	38,5	3,1	96
30	Curva ABC de vendas	31,6	24,2	41,1	3,2	95
31	Manual da Qualidade	28,9	18,6	51,6	1,0	97
32	Código de conduta/ética	27,8	22,7	48,5	1,0	97
33	Avaliação dos fornecedores	26,3	40,0	32,6	1,1	95
34	Gestão de projetos	26,3	24,2	47,4	2,1	95
35	Matriz de competitividade (análise da concorrência)	26,0	44,8	28,1	1,0	96
36	Os 5 porquês	26,0	32,3	34,4	7,3	96
37	Auditoria interna (contábil, finanças, etc...)	25,8	28,9	45,4	0,0	97
38	Matriz SWOT (análise de ambiente interno e externo)	22,7	36,1	34,0	7,2	97
39	Pesquisa de mercado	21,9	40,6	37,5	0,0	96
40	Plano de marketing	21,4	35,7	41,8	1,0	98
41	Plano de ação (5W2H)	19,2	16,0	52,1	12,8	94
42	Diagnóstico financeiro a partir do BP e do DRE	18,8	15,5	60,4	5,2	96
43	Pesquisa de clima (satisfação dos colaboradores internos)	16,8	33,7	49,5	0,0	95
44	Macro fluxo dos processos	16,5	36,1	40,2	7,2	97
45	Fluxo dos processos (procedimentos das rotinas dos processos)	13,4	33,0	51,6	2,1	97
46	Brainstorming	12,4	43,3	39,2	5,2	97
47	Pesquisa de satisfação dos clientes	11,6	36,8	50,5	1,1	95
48	Planejamento estratégico	11,2	29,6	58,2	0,0	98
49	Fluxo de caixa	10,3	11,3	78,4	0,0	97
50	Reunião de avaliação do desempenho (dos indicadores/metas)	8,3	22,9	68,8	0,0	96
51	Cronograma de atividades	7,1	17,4	75,5	0,0	98
52	Orçamento	6,1	15,2	78,8	0,0	99
	Média	**31,9**	**24,7**	**36,2**	**7,2**	**95,8**

Se somarmos os percentuais totais dos que nunca usam certas ferramentas aos daqueles que as desconhecem, teremos 39% dos respondentes. Ao agregarmos a esse percentual os que as usam eventualmente, esse percentual sobe para 64%, cerca de 2/3 dos pesquisados.

Pela Tabela 33, podemos observar o uso frequente de diversas ferramentas, em ordem decrescente. O fluxo de caixa é a mais

Gestão Sem Estresse

usada. Bom saber disso, pois significa que a vida da empresa está
sendo observada.

Tabela 33 - Ferramentas de Uso mais Frequente

		% Frequente mente
1	Fluxo de caixa	78,4
2	Reunião de avaliação do desempenho (dos indicadores/metas)	68,8
3	Diagnóstico financeiro a partir do BP e do DRE	60,4
4	Planejamento estratégico	58,2
5	Plano de ação (5W2H)	52,1
6	Auditoria de Qualidade	51,6
7	Manual da Qualidade	51,6
8	Fluxo dos processos (procedimentos das rotinas dos processos)	51,6
9	Pesquisa de satisfação dos clientes	50,5
10	Gestão das não-conformidades	50,0
11	Pesquisa de clima (satisfação dos colaboradores internos)	49,5
12	Código de conduta/ética	48,5
13	Gestão de projetos	47,4
14	Auditoria de inventário de insumos (estoques)	45,4
15	Auditoria interna (contábil, finanças, etc...)	45,4
16	Auditoria externa (contábil, finanças, etc...)	43,2
17	Plano de marketing	41,8
18	Business intelligence (BI)	41,1
19	Curva ABC de vendas	41,1
20	Macro fluxo dos processos	40,2
21	Brainstoming	39,2
22	Programa "5S"	38,5
23	Pesquisa de mercado	37,5
24	Curva ABC de compras	35,4
25	Os 5 porquês	34,4
26	Matriz SWOT (análise de ambiente interno e externo)	34,0
27	Gráfico de Paretto	33,7
28	Avaliação dos fornecedores	32,6
29	Auditoria de inventário patrimonial	30,9
30	Matriz de competência	29,5
31	Balanced Scorecard (BSC)	28,1
32	Matriz de competitividade (análise da concorrência)	28,1
33	Avaliação dos colaboradores - modelo 180 graus	26,6
34	Dashboards	26,6
35	Espinha de peixe	26,0
36	Matriz de riscos	25,8
37	Programa de compliance	25,0
38	Plano de contingências	24,0
39	Programa "6S" - o sexto é de segurança do trabalho	22,6
40	Avaliação da empresa (valuation)	20,6
41	Auditoria ambiental	20,0
42	Análise das megatendências	19,2
43	Pipeline innovation (funil de inovação)	16,7
44	As 7 perdas da manufatura enxuta	14,7
45	Avaliação dos colaboradores - modelo 360 graus	13,5
46	Modelo de negócios (Canvas)	10,6
47	Matriz GUT	6,5
48	Matriz BCG (análise da estratégia)	5,3
49	Matriz Westwood (análise da estratégia)	4,3
50	Matriz Ansoff (análise da estratégia)	2,1
51	Cronograma de atividades	75,5
52	Orçamento	78,8
	Média	**36,2**

Tabela 34 - Frequência dos que Nunca Usam ou Não Conhecem

		% Nunca e % que não conhece
48	Matriz Ansoff (análise da estratégia)	85,3
46	Matriz Westwood (análise da estratégia)	81,9
47	As 7 perdas da manufatura enxuta	72,6
27	Matriz GUT	69,9
44	Pipeline innovation (funil de inovação)	68,8
20	Matriz BCG (análise da estratégia)	68,4
33	Avaliação dos colaboradores - modelo 360 graus	65,6
18	Modelo de negócios (Canvas)	60,6
39	Programa de compliance	57,3
31	Programa "6S" - o sexto é de segurança do trabalho	55,9
26	Auditoria ambiental	55,8
34	Matriz de riscos	53,6
35	Dashboards	53,2
32	Avaliação dos colaboradores - modelo 180 graus	52,1
15	Avaliação da empresa (valuation)	49,5
30	Matriz de competência	48,4
51	Business intelligence (BI)	48,4
23	Espinha de peixe	47,9
37	Curva ABC de compras	45,8
22	Balanced Scorecard (BSC)	45,8
14	Plano de contingências	44,8
4	Análise das megatendências	40,4
45	Auditoria de inventário de insumos (estoques)	40,2
19	Gráfico de Paretto	40,0
52	Auditoria de Qualidade	38,1
36	Auditoria externa (contábil, finanças, etc...)	37,9
49	Gestão das não-conformidades	37,5
13	Auditoria de inventário patrimonial	37,1
21	Programa "5S"	35,4
25	Curva ABC de vendas	34,7
12	Os 5 porquês	33,3
41	Plano de ação (5W2H)	31,9
38	Manual da Qualidade	29,9
8	Matriz SWOT (análise de ambiente interno e externo)	29,9
29	Código de conduta/ética	28,9
24	Gestão de projetos	28,4
5	Avaliação dos fornecedores	27,4
1	Matriz de competitividade (análise da concorrência)	27,1
17	Auditoria interna (contábil, finanças, etc...)	25,8
42	Diagnóstico financeiro a partir do BP e do DRE	24,0
7	Macro fluxo dos processos	23,7
9	Plano de marketing	22,5
3	Pesquisa de mercado	21,9
2	Brainstorming	17,5
10	Pesquisa de clima (satisfação dos colaboradores internos)	16,8
11	Fluxo dos processos (procedimentos das rotinas dos processos)	15,5
6	Pesquisa de satisfação dos clientes	12,6
16	Planejamento estratégico	11,2
50	Fluxo de caixa	10,3
28	Reunião de avaliação do desempenho (dos indicadores/metas)	8,3
40	Cronograma de atividades	7,1
43	Orçamento	6,1
	Média	**39,1**

Tabela 35 - Frequência Superior a 50% dos que Nunca usam ou Não Conhecem as Ferramentas

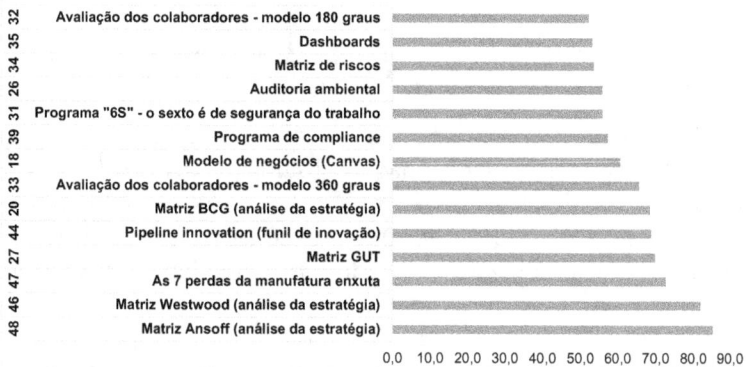

Por fim, por ordem decrescente, seguem algumas ferramentas desconhecidas dos respondentes, nas Tabelas 34 e 35. Destacaram-se três que estão diretamente relacionadas à estratégia (Ansoff, Westwood e BCG), sendo uma relacionada à prioridade em tomadas de decisão (GUT) e uma à inovação.

Tabela 36 - Frequência do uso das Ferramentas de Gestão

		% Nunca	% Eventualmente	% Frequentemente	% Não conheço a ferramenta	Total de respostas
1	Matriz Ansoff (análise da estratégia)	51,6	12,6	2,1	33,7	95
2	Matriz Westwood (análise da estratégia)	48,9	13,8	4,3	33,0	94
3	Matriz GUT	40,9	23,7	6,5	29,0	93
4	Pipeline innovation (funil de inovação)	45,8	14,6	16,7	22,9	96
5	Matriz BCG (análise da estratégia)	46,3	26,3	5,3	22,1	95

Analisando as respostas sobre o uso de ferramentas vinculadas à estratégia, mais afeitas aos cargos dos respondentes, constatou-se que 52% não se utilizam da Matriz Ansoff em sua análise estratégica, 49% não usam a Westwood[58] e 46% não empregam a BCG. Por outro lado, 58% faz uso do Planejamento Estratégico frequentemente, e 30% eventualmente, o que totaliza 88% dos

---

[58] John Westwood, engenheiro e escritor dedicado à área de marketing. Classificou a estratégia em estratégia de defesa, de desenvolvimento e de ataque.

respondentes (Tabela 36). Isso poderia ser explicado pela inclusão das respostas de profissionais que não são do nível estratégico ou até pelo desconhecimento dos nomes das ferramentas, segundo seus criadores, por parte da alta gestão. Pior é imaginar que realmente muito poucos estariam empregando essas ferramentas na análise estratégica de suas organizações.

O resultado também revelou alguns pontos inesperados por mim: 48% dos respondentes não analisam a concorrência e 41% não realizam pesquisa de mercado. Entende-se que muitos pesquisados não exercem funções relacionadas às atividades ou áreas afins que se utilizam de tais ferramentas. Supõe-se, também, que muitos abrem mão de usar essas poderosas fontes de informação. Felizmente, pelo menos 51% faz pesquisa de satisfação de clientes.

Fico na esperança de que algum acadêmico se sinta inspirado para realizar uma pesquisa mais abrangente e com maior possibilidade de cruzamentos de dados. Nessa pesquisa, o software utilizado foi uma versão grátis. Porém, a versão paga é uma poderosa ferramenta de análise estatística, com cruzamentos diversos. Registre essa sugestão.

Dashboard

O *dashboard*, painel de bordo, (Figura 16) usa os dados da pesquisa feita através do site da *Survey Monkey*™ e que foram reunidos pelo autor em uma planilha Excel, a partir da qual os gráficos foram construídos.

O mais demorado é agrupar os gráficos em uma única folha e escolher bem as cores de fundo e dos gráficos, mantendo os critérios já descritos. Aqueles com maior dom artístico se saem melhor, o que não é o meu caso.

Figura 16 - Painel de Bordo (Dashboard) da Pesquisa.

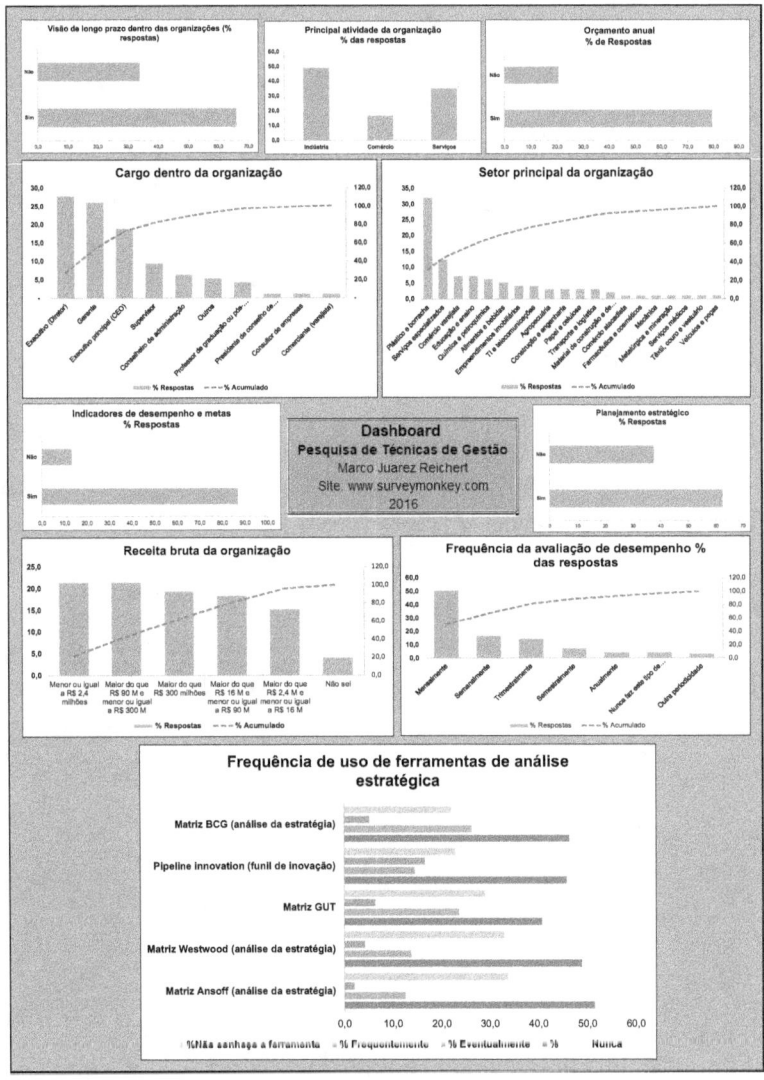

Capítulo 7
UM NOVO NEGÓCIO

Linda: Eu estava super ansiosa para falar com você, Maurício. Gostaria de lhe convidar para ser meu sócio em uma academia de ginástica. Passo sempre em frente a uma que está "bombando". Ela fica próxima à minha casa.

Maurício: Você, com formação em Educação Física, faria a gestão operacional, coordenando a equipe, e eu poderia me encarregar da parte administrativa, como a área contábil, financeira e de recursos humanos. Isso é claro para mim. A questão é que antes de realizar qualquer investimento, precisamos avaliar se o negócio é viável.

Linda: Será que precisa mesmo? Minha vontade é começar o mais rápido possível.

Maurício: Que bom que você está com essa vontade toda! O sonho de ter o próprio negócio é algo presente em todos os empreendedores. Não perca esse ímpeto, jamais. Só que o mundo é muito competitivo e tende a ficar mais ainda. Desse modo, precisamos fazer estudos de mercado, de investimentos, realizar projeções de receitas, de gastos e de fluxo de caixa para conhecermos a viabilidade econômica do investimento.

Linda: Faço o que você determinar, mas não conheço essa linguagem. Você me ajuda?

Maurício: Claro! Vamos começar por entender qual seria o nosso objetivo. Queremos ser uma pequena academia do bairro ou queremos ser regionais, criando franquias, por exemplo? Vou começar investigando o perfil da população desse bairro, como o número de habitantes por faixa etária, se possível, renda média e nível educacional.

Linda: De minha parte, eu começaria visitando algumas academias para clientes de alta renda, que acredito ser o que caracteriza o bairro.

Maurício: Não se restrinja a esse bairro. Há outros com características similares ao nosso. Temos que descobrir a média de preços que eles cobram por cliente, o ticket-médio. Vamos aproveitar também para ver o tipo de equipamento que estão usando e se eles oferecem outros serviços como sala de fisioterapia e venda de suplementos. Vou ajudar nessa tarefa também, pois quanto mais informações, melhor será a nossa tomada de decisão.

Depois de dois meses arduamente dedicados ao levantamento sobre a concorrência e o público-alvo, os dois reúnem-se para examinar todo o material.

Linda: Estou assustada com o tamanho das academias, a maioria é muito grande. Tenho pouco capital para investir, assim, essa opção não seria possível.

Maurício: Calma, vamos analisar o que queremos e o que temos. O que você acha de fazermos uma academia com atendimento diferenciado? Teriam que ser profissionais dedicados a poucos clientes, que assim teriam uma atenção superior à ofertada por qualquer outro concorrente. Nosso negócio seria em um espaço menor do que essas gigantes, muitas de redes de franquia. Nós buscaríamos atender às classes sociais A e B, tendendo à alta. É um nicho de mercado. O que você acha dessa proposta?

Linda: Concordo.

Maurício: Lembra-se do Canvas[59] que eu havia lhe explicado? Agora temos um ponto de partida do nosso modelo de negócio, sabemos o segmento que queremos atender e a proposta de valor.

Linda: Certo. Vamos trabalhar nele!

Maurício: Muito bem! Sabemos também o bairro e o público que queremos atender. Vamos avaliar os canais de comunicação e como nos relacionaremos com a clientela. Primeiro, temos que estudar como criaremos a interface do cliente com a nossa academia. Através desses canais é que levaremos nossa proposta de valor a eles.

Osterwalder e Pigner (2011) revelam que os canais apresentam fases, que iniciam com a forma de aumentar o conhecimento dos produtos e serviços ao cliente; partem para propiciar que seu negócio seja reconhecido pela proposta de valor; seguem com a forma de venda e de como, efetivamente, a proposta de valor é entregue, finalmente, como é feito o pós-venda. Na parte do relacionamento com clientes, há que se verificar o tipo de relacionamento desejado, que pode ser via digital ou pessoal, e, por que não, combinados?

---

[59] OSTERWALDER, Alexandre; PIGNEUR, Yves. **Business Model Generation**: inovação em modelos de negócios (2011).

Sabemos que as receitas virão principalmente do preço da aula. Contudo, outras fontes ajudarão a compor o nosso faturamento, como a venda de suplementos e a participação nos serviços de fisioterapia. Aliás, estamos falando de aulas e para isso teremos que contratar os melhores professores disponíveis.

Linda: Tenho uma boa rede de contatos (*networking*) com esses profissionais. Acho que não teremos dificuldades nesse quesito.

Maurício: Ótimo!

Linda: As aulas deverão seguir um programa feito sob medida para a linha que a academia vai seguir. Essa atividade é a linha mestra do negócio. Vamos fazer uma parceria com a Universidade local que tem o curso de Educação Física. Acho que estaremos na vanguarda realizando uma parceria dessas.

Maurício: Isso nos ajudará na diferenciação e no reconhecimento do público sobre a nossa proposta de valor. Até aqui, tudo certo. Agora, a parte incômoda.

Linda: Os gastos!

Maurício: Sim. Vamos ver o que teremos de gastos fixos, aqueles que não dependerão de termos ou não clientes, de estarmos trabalhando ou de férias. Incluem-se aí o aluguel, as despesas com contador e inúmeras outras.

Linda: Quanto aos professores, vamos precisar ter poucos deles fixos. A maioria será contratada por demanda (gastos variáveis). Acho que isso está claro.

Maurício: Nosso modelo de negócios está conceitualmente criado. Agora, vamos ver o que temos de informações sobre a concorrência (ticket médio, número de alunos, tipos de equipamentos que utilizam). Vamos pegar os dois concorrentes que melhor representam o que desejamos (*benchmark*) e vamos fazer um *canvas* deles.

Linda: Isso vai nos ajudar a descobrir onde precisaremos superá-los e a entender seus pontos fracos. Poderemos nos aproveitar disso.

Maurício: Exatamente. Linda, eu preparei uma planilha com os dados que coletamos. Chegamos a um ticket médio das duas escolas referenciais. Podemos estimar nosso preço como R$ 200,00/aluno/mês. Assim, a receita total seria de R$ 20.000,00 para cada cem alunos. O número de matriculados precisaria ser muito maior do que esse. Mas acho que é um bom ponto de partida.

Linda: Quantos alunos você acha que seriam necessários para retiramos um valor interessante como sócios?

Maurício: Para responder essa importante questão, temos que definir qual o gasto variável por aluno matriculado e qual o valor dos gastos fixos mensais.

Linda: Como você vai saber isso?

Maurício: Pelo MVP.

Linda: MVP?

Maurício: O MVP seria um método de viração própria. Na realidade, vou aplicar conceitos simples e consagrados de administração. Veja na Tabela 37. Estimamos um gasto fixo mensal de R$ 45.000,00 e o gasto variável de R$ 50,00/aluno.

Tabela 37 - Receitas e Gastos Variáveis

Alunos	Ticket-médio	Receita	Gasto variável /aluno	Gasto variável total	Receitas - gastos variáveis
100	200,00	20.000,00	50,00	5.000,00	15.000,00
200	200,00	40.000,00	50,00	10.000,00	30.000,00
300	200,00	60.000,00	50,00	15.000,00	45.000,00
400	200,00	80.000,00	50,00	20.000,00	60.000,00
500	200,00	100.000,00	50,00	25.000,00	75.000,00

Linda: Acho que comecei a entender, Maurício. Temos que gerar uma margem suficiente para cobrir nossos gastos fixos. Pela planilha que você apresentou, já fica claro que não daria para contar com poucos alunos, pois sobraria muito pouco para cobrirmos aquilo que teremos que pagar mensalmente, independentemente do número de matriculados.

Maurício: Estamos alinhados. Se tivermos 300 alunos, a margem gerada será de R$ 45.000,00, valor igual às contas que teremos que pagar no mês. É o empate. Esse ponto é o que chamamos de **ponto de equilíbrio**.

Linda: Então, nosso ponto de equilíbrio, para as premissas que nós estimamos, necessita de 300 alunos. A partir daí é que sobrariam valores para investimentos e retiradas dos sócios.

Maurício: Muito bem, você está compreendendo a mecânica desse processo. Vamos fazer uma projeção mensal para ver o que acontece. Você precisa estimar o total de alunos ao final de cada mês.

Linda: Vamos lá!

Maurício: Bem, temos outra fonte, a Tabela 38, que nos será bem útil. Ela é um pouco mais detalhada do que a primeira, pois projeta receitas e gastos mensais. Nela, fica mais clara a evolução do primeiro ano e tempo requerido para alcançarmos o ponto de equilíbrio, se nossas premissas estiverem corretas. Vamos precisar de capital para enfrentar esse primeiro ano.

Tabela 38 - Receitas, Gastos e Sobras

Meses	1	2	3	4	5	6	7	8	9	10	11	12	13	14	15	16	17
Alunos matriculados	40	70	100	130	150	180	190	200	220	240	270	300	350	400	450	500	550
Ticket médio (R$)	200	200	200	200	200	200	200	200	200	200	200	200	200	200	200	200	200
Receita (R$)	8.000	14.000	20.000	26.000	30.000	36.000	38.000	40.000	44.000	48.000	54.000	60.000	70.000	80.000	90.000	100.000	110.000
Gastos Variáveis/aluno	50	50	50	50	50	50	50	50	50	50	50	50	50	50	50	50	50
Gastos variáveis (total)	2.000	3.500	5.000	6.500	7.500	9.000	9.500	10.000	11.000	12.000	13.500	15.000	17.500	20.000	22.500	25.000	27.500
Receita - gastos variáveis	6.000	10.500	15.000	19.500	22.500	27.000	28.500	30.000	33.000	36.000	40.500	45.000	52.500	60.000	67.500	75.000	82.500
Gastos fixos mensais	45.000	45.000	45.000	45.000	45.000	45.000	45.000	45.000	45.000	45.000	45.000	45.000	45.000	45.000	45.000	45.000	45.000
Sobra	-39.000	-34.500	-30.000	-25.500	-22.500	-18.000	-16.500	-15.000	-12.000	-9.000	-4.500	0	7.500	15.000	22.500	30.000	37.500

Linda: Não vai ser fácil ter 500 alunos matriculados e vejo que a sobra (lucro) seria de apenas R$ 30.000,00 por mês, para essa quantidade de alunos. E nem falamos da compra de equipamentos ainda. Estou ficando preocupada com a viabilidade do negócio.

Maurício: Vou colocar um pouco de pimenta nesse caldo. Até agora, falamos de uma análise com base no fato gerador (competência) e não pela entrada e saída de dinheiro (caixa). No mês, a receita não é igual à entrada de todos os valores dos serviços prestados e produtos vendidos. Tem gente que paga no cartão e, assim, não vamos receber no mesmo mês. Talvez alguns fiquem inadimplentes. A receita não é uma certeza no nosso negócio. Vamos ter que pensar no fluxo de caixa gerado. Lembrando que ele é obtido pela subtração de todas as saídas (pagamentos efetivados) das entradas de valores, para um dado período, mais o saldo do período anterior.

Linda: Sim, lembro que já havíamos visto essa questão.

Maurício: A academia não teria crédito bancário, inicialmente, já que sequer conseguiria gerar um histórico. Resta conseguir mais sócios, ou, sozinhos, teremos que integralizar um capital social de R$ 660 mil, no total. Esse valor vai sustentar o negócio por um ano, enquanto não atingirmos o ponto de equilíbrio e ainda nos permitirá adquirir os equipamentos. Na análise que segue, o investimento no ponto inicial (ano 0) fica com sinal negativo. Vamos calcular o prazo de retorno do investimento feito. É o chamado *Payback Simples*.

As premissas de valores de caixa gerados estão na Tabela 39. No primeiro ano de atividade, o fluxo de caixa (premissa) seria de apenas R$ 10.000,00. Esse pequeno valor é diferente do que foi apresentado até agora (zero), mas serve apenas para fins didáticos, para facilitar a compreensão da ferramenta Fluxo de Caixa. Somente a partir do terceiro ano, teríamos uma geração positiva de fluxo de caixa. Nesse modelo, não foi considerada a taxa de desconto, aquela que remuneraria o investidor (nós mesmos), adequadamente.

Tabela 39 - Payback Simples

Ano	Fluxo de caixa	Fluxo de caixa acumulado
0	-600.000	-600.000
1	10.000	-590.000
2	300.000	-290.000
3	**300.000**	**10.000**
4	300.000	310.000
5	300.000	610.000

Agora, o ponto que costuma ser o de maior discussão e até de discórdia: a taxa de desconto exigida pelo investidor. Um investidor pensa friamente nas oportunidades que existem para aplicar seu dinheiro. Ele poderia investir no Tesouro Direto e ter o menor dos riscos possíveis e ainda teria um retorno bem acima da inflação do período. Também teria a alternativa de investir em renda fixa conservadora. Não teria trabalho algum e o risco seria baixíssimo, quase nulo. Para que arriscar em um negócio sem histórico que é todo incerto? É onde entra uma taxa de desconto alta.

Outra exigência seria o tempo para ter o retorno do capital investido, aos valores presentes (aqueles onde os fluxos de caixa são descontados de acordo com a taxa exigida pelo investidor e o valor inicial do investimento precisa ser subtraído). Eles exigiriam ter o retorno em quatro anos e à taxa de desconto de 10% ao ano.

Tabela 40 - Payback Descontado

Ano	Fluxo de caixa	Fluxo de caixa ajustado	Fluxo de caixa acumulado
0	-600.000	-600.000	-600.000
1	10.000	9.091	-590.909
2	300.000	247.934	-342.975
3	300.000	225.394	-117.581
4	300.000	204.904	87.323
5	300.000	186.276	273.600

Na Tabela 40, percebe-se que no **Payback Descontado**, o tempo para se obter o retorno do investimento, é maior do que no Payback simples, já que nesse os fluxos são trazidos ao Valor Presente (VP), segundo a taxa de desconto adotada.

Para se chegar ao valor do fluxo descontado, podemos usar os recursos de uma calculadora financeira, das planilhas do computador ou fazer as contas manualmente. Vamos exemplificar:

— No Ano 1 foi gerado um fluxo de caixa de R$ 10.000,00. Qual o VP desse valor ou, em outras palavras, quanto deveria ser investido, a uma taxa de 10% a.a. (= 0,1), para se obter R$ 10.000,00? A resposta é R$ 9.091,00. Podemos fazer a seguinte conta:

— VP ano 1 = $10.000/ (1+0,1)^1 = 9.091,00$

— VP ano 2 = $300.000/ (1,1)^2 = 247.934,00$

O Valor Presente Líquido (VPL) do fluxo de caixa é igual à soma das parcelas futuras, aplicadas à taxa de desconto definida e subtraindo-se do total o valor do investimento inicial. Pela Tabela 40, o VPL em quatro anos é de R$ 87.323,00. Significa dizer que o investimento inicial estaria pago e ainda restaria esse valor.

Em quanto tempo, mais precisamente?

— Em 3 anos e um pouco mais, pois no final do quarto ano já teria havido o retorno de todo o investimento. Fração de ano = 117.581/ 204.904 = 0,5738 de ano. A resposta poderia ser 3,5738 anos. Mas é melhor sabermos em anos, meses e dias, certo? Multiplicando essa fração de ano por 12 meses, teremos 6,886 meses. Então, agora, são 3 anos, 6 meses e 0,886 de um mês. Esse valor da fração de mês multiplicado por 30 dias resulta em mais 27 dias. O tempo total calculado para o retorno do investimento seria de 3 anos, 6 meses e 27 dias. Vamos adotar 4 anos, de forma conservadora, pois partimos de premissas um pouco diferentes daquilo que pode acontecer na realidade. É sempre bom contar com alguma margem de segurança.

O VPL, para tornar um investimento viável, precisa ser maior do que zero. Ele deu positivo, o que significa que a condição do VPL viabilizaria o investimento. Mas outra consideração precisa ser atendida: a Taxa Interna de Retorno (TIR). Ela equivale à taxa percentual de desconto que torna o VPL igual à zero. Sugerimos o uso da calculadora financeira ou de tabelas para essa conta. A TIR no quarto ano foi de 15,3%, maior do que a taxa exigida pelo investidor, que era de 10%, logo o projeto seria viável, sob esse prisma financeiro.

Linda: Então o projeto é viável Maurício? Que alívio! Agora, vamos absorver toda a informação e conhecimento gerado, para então tomarmos uma decisão. Que tal um almoço no clube, sábado, para ver qual a decisão sobre a academia?

Maurício: Estamos de acordo. Até breve!

CONSIDERAÇÕES FINAIS

Quando decidi escrever este livro, pensei que seria mais rápido, pois tinha muito material usado em consultorias que poderia ser aproveitado na obra. À medida que fui avançando, me dei conta de que havia um longo caminho a ser percorrido, muito estudo e muita consulta à literatura existente. Fiz uma pausa, mas jamais cogitei não concluí-lo.

É interessante ressaltar que à medida que retornava ao material já escrito, resolvia melhorar, mudar ou até excluir partes dele. Contudo, jamais me afastei do seu objetivo maior: reunir muitas das principais técnicas empregadas por quem trabalha nas atividades de geração de serviços ou produtos e que tenha a responsabilidade de dirigir uma empresa ou um setor, não importando seu tamanho.

Gerir uma empresa pequena ou média pode ser mais difícil do que gerir uma grande. Nas pequenas, os recursos financeiros e os profissionais de apoio estão limitados por um parco orçamento. A essas organizações, principalmente, tenho a pretensão de trazer alguma contribuição. Boa parte dos vários casos contados foi colhida de situações reais, outros, foram criados por mim para facilitar o entendimento de como usar determinada ferramenta.

Fico na expectativa de saber se a obra será útil para alguns, o que representa um grande desafio e um sonho. Ser original, mostrando temas já tão difundidos, foi algo que me cobrei bastante. Uma das preocupações foi reunir, em uma única obra, aplicações do conteúdo para diferentes áreas de uma organização.

Após três décadas como empreendedor, acumulei conhecimento para gerir empresas, principalmente aquelas em que é preciso transitar por todas as áreas. Alternando bons e maus momentos, acertos e erros, mas sabendo superar esses últimos, sempre segui contando com o envolvimento de pessoas capazes e comprometidas. Tive essa sorte e esse prazer. Sozinho ninguém faz nada.

A diferente vivência adquirida em uma corporação, onde atuei após a vida de empreendedor e antes de enveredar pelos caminhos da consultoria, foi de um aprendizado ímpar. Ter sido adquirido por uma corporação americana não foi pouca coisa. Fomos selecionados entre diversas empresas do país. Buscaram não a maior, mas aquela em que podiam depositar confiança em seus valores éticos, a que apresentava um nível de organização moderna e compatível com os objetivos de estabelecerem seu primeiro investimento na América do Sul.

Passado esse momento inicial, veio uma fase dura de adaptação. Foi o período em que mais aprendi sobre gestão, quando comecei a entender uma estrutura matricial, um tom elevado de cobrança e o emprego das mais modernas técnicas que buscam o que toda empresa quer: resultado. Senti na carne o que é ser realmente cobrado por desempenho. Que experiência rica me foi proporcionada!

Com este livro, tento proporcionar algo que ainda não tínhamos: uma única obra com farta aplicação de técnicas de gestão e, mais do que isso, escrita de maneira descomplicada para não deixar o leitor estressado. Qualquer coisa que fazemos pode ser melhorada, tudo pode melhorar. Que essa obra melhore a gestão dos leitores de uma forma geral. Espero que esse objetivo seja de fato atingido, o que me deixará ainda mais feliz.

BIBLIOGRAFIA

http://static.fas.harvard.edu/registrar/ugrad_handbook/current/chapter5/standards_conduct.html. Acesso em: 21 dez. 2017.

http://www.administradores.com.br/artigos/negocios/lei-de-pareto/97991/. Acesso em: 25 dez. 2017.

http://www.administradores.com.br/artigos/tecnologia/matriz-gut-saiba-como-montar/100040/. Acesso em: 25 dez. 2017.

http://www.bcb.gov.br/pec/GCI/PORT/readout/R20171229.pdf. Acesso: 08 abr. 2018.

http://www.economist.com/node/11701586. Acesso em: 22 jan. 2018

http://www.imf.org/en/countries. Acesso em: 06 jan. 2018.

http://www.portaldaindustria.com.br/sesi/. Acesso em: 19 jan. 2018.

http://www.redalyc.org/html/2410/241019315011/. Acesso: 17 jan. 2018.

http://www.sebrae.com.br/sites/PortalSebrae/artigos/d-olho-na-qualidade-5s-para-os-pequenos-negocios,1985438af1c92410VgnVCM100000b272010aRCRD. Acesso em: 25 jan. 2018.

http://www.valor.com.br/brasil/4934818/gasto-com-saude-no-brasil-pode-chegar-um-quarto-do-pib-diz-estudo. Acesso em 9 fev. 2018.

https://agenciadenoticias.ibge.gov.br/agencia-sala-de-imprensa/2013-agencia-de-noticias/releases/18992-pnad-continua-2016-51-da-populacao-com-25-anos-ou-mais-do-brasil-possuiam-apenas-o-ensino-fundamental-completo.html. Acesso em: 03 jan. 2018.

https://ntrs.nasa.gov/archive/nasa/casi.ntrs.nasa.gov/19720025540.pdf. Acesso em: 25 dez. 2017.

https://pt.surveymonkey.com/?. Acesso em: 20 jan. 2018.

https://www.bcgperspectives.com/classics/author/bruce_henderson/
. Acesso: 22 jan. 2018.

https://www.ox.ac.uk/students/academic/conduct?wssl=1. Acesso
em: 20 jan. 2018.

https://www.pipedrive.com. Acesso em 19 jan. 2018.

https://www.salesforce.com/. Acesso em: 19 jan. 2018.

https://www.unicef.org/videoaudio/PDFs/Code_of_Ethics.pdf.
Acesso em: 20 jan. 2018.

https://www.youtube.com/watch?v=C1uG12nDPpw. Acesso: 26
dez. 2017.

https://www.youtube.com/watch?v=enbB8BbNZeg&t=103s.
Acesso em: 08 abr. 2018.

GHEMAWAT, Pankaj. **Strategy and the business landscape**.
New Jersey: Pearson, 2006.

KLUYVER, Cornelis A. de; PEARCE II, John A. **Estratégia**: uma
visão executiva. São Paulo: Pearson, 2010.

MINTZBERG, Henry; AHLSTRAND, Bruce; LAMPEL, Joseph.
Safári de estratégia. Porto Alegre: Bookman, 2010.

OSTERWALDER, Alexandre; PIGNEUR, Yves. **Business Model
Generation**: inovação em modelos de negócios. Rio de Janeiro:
Alta Books, 2011.

PORTER, Michael E. **Competitive advantage**: creating and
sustaining superior performance. New York: The Free Press, 1985.

PORTER, Michael E. **Estratégia competitiva**: técnica para análise
de indústrias e concorrência. Rio de Janeiro: Elsevier, 2004.

PRAHALAD, C.K., HAMEL, Gary. **Competindo pelo futuro**:
estratégias inovadoras para obter o controle do seu setor e criar os
mercados de amanhã. Rio de Janeiro: Elsevier, 2005.

ROSS, Stephen A.; WESTERFIELD, Randolph W.; JORDAN,
Bradford D. **Princípios de Administração Financeira**. São Paulo:
Atlas, 2002.

TALEB, Nassim Nicholas. **A lógica do cisne** negro: impacto do
altamente improvável. 10ª ed. - Rio de Janeiro: Best Seller, 2016.

Sobre o Autor

Marco Reichert é empreendedor, fundador e gestor de uma dezena de empresas, de pequenas a médias, executivo de multinacional e, mais recentemente, consultor empresarial e palestrante. Atua em conselhos de organizações. É formado em Administração de Empresas pela FEEVALE, tem MBA em Finanças e Governanças Corporativa pela ESPM e PÓS-MBA em Inteligência Empresarial pela FGV.

Sobre a Casa do Escritor

A Casa do Escritor é uma consultoria que presta serviços e auxilia escritores no processo de autopublicação e divulgação de seus livros.

Conheça os livros publicados e saiba mais em **casadoescritor.com.br**

CASA DO
ESCRITOR

www.casadoescritor.com.br

www.ingramcontent.com/pod-product-compliance
Lightning Source LLC
Chambersburg PA
CBHW070326220526
45467CB00001B/52